interaction
artificial intelligence

インタラクション
人工知能と心

上野直樹・西阪仰 著
UENO Naoki
NISHIZAKA

大修館書店

はじめに

従来、心理学では、心の存在を前提として、その内的なメカニズムのモデルを立てたり、実験的にその心のモデルを検証してきました。人工知能研究も、また、それと同じような前提で知能についてのモデルを作り出してきました。しかし、心について云々することで、人々の行為を説明したり、理解可能なものにすることは、心理学者や人工知能研究者の特権ではなく、日常的な営為です。そして、その日常的な営為は、単なる情報の交換としてなされているわけではありません。例えば、「そういう意図はなかった」というように、相手にいいわけするときに心のあり方が言及される場合があるでしょう。あるいは、犯罪の取調官は盛んに被疑者の動機の有無に焦点を当てようとするでしょう。このように、心によって人々の行為を説明し、理解可能なものにすることは、それ自体（他人に向けられた）なんらかの行為を行なうことにほかなりません。つまり、それはなんらかの相互行為、あるいは、実践を構成しているはずです。心理学や人工知能における心のモデルも、また、以上のような日常的な心による行為の説明の延長線上にあるように見えます。

このように考えるならば、そもそも心は、そうした相互行為や実践の中に埋め込まれているとは言えないでしょうか。そうした心のとらえ直しを通して、心というものに対して、従来の心理学や人工知能とは、全く異なった角度から迫ることができると思います。

本書で議論されている以上のようなテーマは、認知科学とエスノメソドロジー・会話分析のインタラクションから生まれてきたものです。対談の中でもくり返し言及されているサッチマンの著書『プランと状況的行為』は、異なる分野の研究者同士が出会い、観点と話題を共有できるような条件を作り出してきたと思います。本書は、そうしたインタラクションから生まれてきた最も基本的なテーマ、つまり、「どのように『心』を相互行為の中からとらえ直すか」というテーマを対談者なりの観点で再検討したものです。

「対談」の仕掛け人である大修館書店の米山順一さんには、企画段階からお世話になったばかりでなく、重要な話題を提供していただきました。本書の内容が、米山さんの期待に応えられていることを願うばかりです。大修館書店の小林奈苗さんには、編集段階ではほんとうに細かなことまで、お世話になりました。また、状況的ロボティックス研究に対する見方については、本文中の引用にあるように有元典文氏、美馬義亮氏に情報を提供していただきました。お世話になった皆さんに深く感謝申し上げます。

なお、本書の出版にあたっては、明治学院大学学術振興基金から出版補助金を受けたことを記しておきます。

上野　直樹
西阪　仰

目次

インタラクション

人工知能と心

〈1〉機械の「心」

上野　まず初めに、人工知能と心というテーマから話を始めたいと思います。認知心理学やＡＩ研究では、プラン、意図や知識表象といった、個人やロボットの内部にある知的な実体を想定してきました。そうした知的なメカニズムが実在することを前提として、その〝実在〟のメカニズムがどのようなものかを明らかにしようとか、そうした〝実在〟を、マシンで再現しようというような研究が行われてきました。ここでは、まず、そうした前提を問い直してみたいと思います。

■模型の「心」

上野　まず、ブライテンベルク*の「心を持つ模型」の紹介をしたいと思います。ブライテンベルクの模型というのは、仕組みはすごく単純なのです。1号から4号まであるそうですけれども、1号というのは一つのセンサーとモーターおよび車輪が連結した模型の車のようなものです。センサーは温度を感知し、そのセンサーに連結したモーターの駆動力は温度に比例して大きくなります。つまり、寒い場所では減速して、暖かい場所では加速する。この模型の動きを見ると、頭がいいというふうには見えないんでしょうけれど、暖かいところでは加速しますので、今いた場所から急いで逃げだすというふうに見えますし、また、冷たいところでは減速しますので、のんびりと過ぎていくように見えるわけです。こうして、この模型の動きは、単なる模型というよりはある種の生物みたいに見えるというわけです。

*バレンチノ・ブライテンベルク（Valentino Braitenberg）は、マックス・プランク研究所に所属する生物サイバネティックス研究者。「模型」の事例は、Braitenberg, V. 1987 *Kunstliche Wesen.* Braunschweig/Wiesbaden: Vieweg & Sohn Verlagsgesellschaft MBH.（ブライテンベルク、『模型は心を持ちうるか』加地大介訳、哲学書房）による。

西阪　ゾウリムシなんかは、全く同じ動きですよね。

上野　そうですね。一方、2号というのは多少賢く見えるようになります。2号では、図1にあるように、模型の車の前の方にセンサーが二つ付いていて、それに連結した左右のモーターがあります。1号と同様にこのモーターによって車輪が駆動するわけです。2a号では、図2のように、二つのセンサーと二つのモーターは平行に連結しています。例えば、右側のセンサーは、右側にあるモーターとつながっているというわけです。2号のbでは、図3にあるように、センサーとモーターが交差したつながり方をしています。2号の仕掛けはこれだけのもので、この2号も1号と同じように単純なものなんですけれど。

センサーの感知する刺激は1号と同じように温度です。模型2a号では、熱刺激が中心からずれていると、一方の端のセンサーがこれを感知して、これにつながっている同じサイドのモーターがよりはやく駆動し、そのサイドの車輪が早くまわりますから、刺激から離れていくように動きます。逆に、

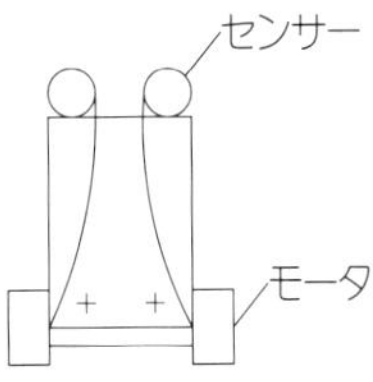

図1　ブライテンベルクの模型

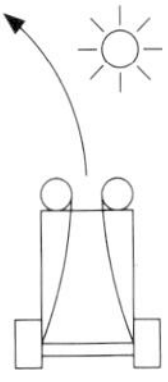
図2　模型2a号

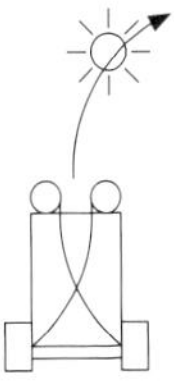
図3　模型2b号

模型2b号では、センサーとモーターが交差しているわけですから、刺激に近いサイドとは反対のサイドの車輪がはやく回るので、刺激に近づいていくわけです。そこで、この2a号は、刺激を避けているように見えるし、また、2b号は、刺激に向かっていくように見えます。つまり、ブライテンベルクの表現を借りるなら、刺激から逃げる模型が「臆病」で、近づく模型は「攻撃的」と見えるのではないかというのです。

これらの全ての模型*には、いかなる情報処理メカニズムも知識も組み込まれていないということがポイントです。要するに、センサーとモーターしかないのです。そして、外界の刺激としては、何か熱いものを用意しておくだけなのです。しかしながら、この模型の動きの中にいかにも生き物らしい「嗜好」や「価値」や「意思」とか、場合によっては「知識」といった知的なものが見えるというのです。ブライテンベルク自身は、「模型の振る舞いを記述するのに心理学的な用語を使いたくなるであろう。それでいて同時に、模型には私たちが自ら組み込んだもの以外には何も備わっていないということも十分わかっているのである。」というようなことを言っています。

*有元(一九九八)は、ブライテンベルクの「模型」の事例が、知性とは内部の認知構造の反映ではなく、むしろ、観察者との関係の中で相互交渉的に観察可能になるものだということを指摘している。(有元典文　一九九八『知識の起源は「個人の頭の中」か「状況の

ブライテンベルクの模型というのは非常に素朴な例なんですけれども、心とか内面とか知性といったものが、どのようなものであるかということを示唆しているように思われます。つまり、われわれは、文字どおり実際に存在する心や内面を推論しているのではなく、ある対象の振る舞いを秩序立て、説明するためのリソースとして、心とか意図とかその種の概念を使っているのではないでしょうか。逆に、あるものの振る舞い方、動き方が、〝内面にあるはずの〟嗜好、意図、価値観、知性といったことの証拠として用いられているということも言えるんじゃないでしょうか。ブライテンベルクの模型は、そういうことを示唆していると思います。

普通は、心とか意図とかがあらかじめ相手の中に存在していて、私たちはその中身を行動から推論すると考えがちですけれども、実際やっていることはそういうことではないのかも知れません。むしろ、嗜好性とか意図とかプランとか、そういう概念的リソース（資源）を用いて、相手の振る舞いを秩序立てて整理して語るとか、説明するとか、理解可能にするとか、そういうことをやっているんじゃないかということです。単純な模型のケースでは、

中か』」『心理学の中の論争』八三―一〇〇頁。丸野俊一編、ナカニシヤ書店。）

美馬（印刷中）は、あるシステムの振る舞いから推論される内部の認知構造とそのシステムの実際の内部構造が大きく異なっている事例として、ブライテンベルクの「模型」の事例をあげている。（美馬義亮『状況を認知するロボット』『状況のインタフェース』上野直樹編、金子書房（二〇〇〇年三月現在、印刷中））

嗜好性とか意図とかプランといったものは、その実際の内的なメカニズムと全く関係ないことが明らかです。少なくとも、この場合は、そもそも、嗜好性とか意図とかプランといったことによる模型の行為や動きの説明は、内的なメカニズムが実際にどうなっているかということと全く関係ないということになるのではないでしょうか。

西阪　ただもうひとつ、次に問題になってくるのは、いわゆる行動主義*とどういうふうに違うのかということですよね。つまり、これまでの上野さんのお話は、「反認知主義」を強調して、一見、外面的な振る舞いに内面を還元するという、ある種の行動還元主義にも聞こえてしまうのですが。

上野　ここでの立場は、もちろん、認知主義**ではないし、行動還元主義でもないわけですが、その点はおいおい明らかになって行くでしょう。

＊行動主義（Behaviorism）とは、人間の行為・活動をすべて、観察可能な身体動作のパターンに還元して記述・説明し尽くそうという立場。とりわけ、一定の「刺激」にどのような「反応」が対応するかという、その刺激ー反応のパターンを観察する。一二ページの西阪発言を参照のこと。

＊＊認知主義（Cognitivism）とは、とりあえず、人間の心に関わるさまざまな概念（「理解」「意図」「思考」「感情」

■チューリング・テスト――行動に還元された知性

上野　ブライテンベルクのロボットの話は、ほんの始まりにすぎません。似たような話で、認知科学や人工知能の分野で有名なのは、むしろ、チューリング＊＊＊による議論です。チューリングは、コンピュータに知能があるかどうかを判断するためにチューリング・テストと呼ばれているものを考案しました。これは、どこか遠く離れたところの人と遠隔的なコミュニケーションをして、向こうの人が男か女か当てるというゲームから思いついたものだそうです。チューリング・テストでは、コンピュータと人間がお互いに離れた部屋にいて、テレタイプライターで相互にコミュニケーションして、向こうの部屋にいるのが、人間か、それともコンピュータか当てるというようなことをするわけです。もし、そのやりとりから人間かコンピュータかの区別ができないとしたら、そのコンピュータは知的であり、知能があると言えるということになると言うのです。

「感覚」「知覚」など）が、人間の皮膚界面下で起きている、なんらかの出来事もしくは過程もしくは行為を指示していると考える立場の総称である。この出来事・過程・行為は、「情報処理」の過程であるかもしれないし、脳内の化学反応であるかもしれない。

＊＊＊アラン・M・チューリング（**Alan M. Turing**）は英国の数学者。一九一二年生まれ、一九五四年没。
　チューリング・テストについては、**Turing, A.**

これがチューリング・テストなんですけれども、実際にチューリングが具体例をあげて、チューリングテストに合格する応答の見本として以下のようなものをあげています。

例えば、「フォースブリッジを主題としてソネットを作ってください」という被験者の質問に、コンピュータは「その質問はパスします、詩は書けたためしがありません」と答えたりします。あるいは、「34957に70764を足してください」という質問には、三〇秒ほど経ってから「105621」と答えるというわけです。要するに人間っぽく、反応を遅らせているわけです。しかもこの計算は間違えています。こういうようなやりとりができれば、コンピュータであることが見破られずに大体このテストをパスできるのだろうというのです。

チューリングの主張というのは、このゲームに成功すれば、その内部のメカニズムがどうであっても、知性があると判断してよいというものです。つまり、このテストにパスすることは、機械の知性の存在のための十分な証拠であるというのです。これを一般化して、チューリングは、同じ入力に対し

M. 1950 Computing machinery and intelligence. *Mind*, 59, 433-460. 参照のこと。

＊状況論とは、認知科学などの領域で、ルーシー・サッチマン（Lucy Suchman）『プランと状況的行為』などに代表されるようなエスノメソドロジーの影響を大きく受けた認知、知識、アーティファクト研究のことをさす。

＊＊エスノメソドロジー（ethnomethodology）とは、アメリカの社会学

て人間とコンピュータの出力が似たようなものであれば、両者は同等と見なしてよいと述べています。つまり、入出力さえ同じなら内的メカニズムがどのようなものかを問う必要がないという、認知主義の裏返しの、行動主義、あるいは、西阪さんが言及された行動還元主義ということになるのかもしれないですね。

つまり、認知主義というのは、プランとか知識とかが人間なり、コンピュータの内部にある種の実体としてあるんだという主張ですが、これに対して、チューリングはある刺激に対する行動だけを問題にして中身は関係ないんだというわけです。これは、まさに行動還元主義であって、意図とかそういった類のことは一切葬り去ろうというのです。状況論*とかエスノメソドロジー**とは全く違った意味で意図とか認知的なメカニズムといったことを葬り去るというわけです。

しかし、ある意味では、チューリングの主張は、認知主義と同じことを言っているともいえるわけです。認知主義が知性を内面に還元するとすれば、チューリングの立場では、知性を行動に還元するというわけです。しか

者ハロルド・ガーフィンケル（Harold Garfinkel）の提唱した社会研究の態度。人びと（ethno-）はどのような方法（methodo-）に従って、自分たちの活動を意味あるもの・秩序あるものとして組織しているか。これを丹念に記述していこうというもの。たとえば、従来の社会学が現象を説明するとき、暗黙のうちにその現象を新たに意味づけ・秩序づけしているのに対し、そもそも意味づけ・秩序づけがどのような組織立ったやり方で行われるもの

し、どちらの見方でも、内面と行動は見事に二分されていて、一方は内部にある何かが知性の実体である、他方は行動が知性の実体だと言っているだけなのです。

西阪　ジェフ・クルター*の整理によれば、行動主義のプログラムは二つあります。初期の行動主義では、確かに内面はあるんだけれども、それは観察不可能だと考えられていた。科学であるためには、観察可能なものに依拠せざるを得ないから、内面はあるんだけれども、そんなものに頓着するのはやめてしまって、行動だけで見ていこう、というわけです。それに対して、後期のというか、それ以降のものは、むしろ内面そのものをも否定してしまって、すべて行動に還元するという還元主義的プログラムをとったというんですね。上野さんが今お話になったチューリングは、この後期の還元主義プログラムに従っているということになるんでしょうね。

ジェフ・クルターは、当然、両方ともいかんのだと言っているわけです。前者のほうは、「実体としての内面」を想定しているわけだから、それだけ

なのかを自覚的に探究しようとする。一一八ページ以下の西阪発言を参照のこと。

＊ジェフ・クルター（Jeff Coulter）はイギリス出身のヴィトゲンシュタイン派エスノメソドロジストの代表。著書は『心の社会的構成』（西阪仰訳、新曜社）など。

で問題外。問題は、もう一つの、つまり後期のプログラムですよね。

この後期プログラムが受け入れがたいのは、いうまでもなく、人間の「有意味」な「知的」な行為を純粋に身体的な振る舞いに還元しつくして語るということはできないだろうと思えるからです。もちろん、社会学者が考えがちなように、すべての行為が「意図的」であるという必要はないと思います。しかし、ある行為の背後に「意図」があると言うべき場合も、たしかにあると思います。たとえば、ある子がお父さんの大事にしていた花瓶を運んでいるとき、タイルの床に落っことして割ってしまった。どうもそこには「意図」があったようだ、というような場合です。ただ、だからといって、認知主義や初期の行動主義のような、意図が内面にある種の実体としてあるという見方は、もちろんしてはいけない。じゃあどうするか。これが問題だというわけですね。

上野　おっしゃる通りです。認知主義とその裏返しの行動還元主義のいずれの道も行かないとすれば、どのような道がありうるのかが、ここでの主なテーマの一つということになります。

■イライザの「知性」

上野　そこで、ワイゼンバウムですが、彼はイライザ*やドクターと呼ばれているシステムを開発しました。イライザというのは、コンピュータと自然言語的な会話を支援するためにデザインされたコンピュータ・プログラムです。このイライザとかドクターは、チューリング・テストに合格したというふうに言われています。イライザそのものについては、次頁下の図4をご覧ください。ここにやりとりがあって、片仮名で書いてあるのがコンピュータが答えたものです。例えば、人間の側が「男ってみんな同じ」とテレタイプで入力するわけです。それに対してイライザは、「ドノヨウニ」というふうに答えるわけです。さらに人間が「男って、いつもあれをしろ、これをしろと、うるさくてしょうがないんですもの」と入力すると、イライザは「ナニカ特別ナ例ヲアゲテクダサイ」と答えます。そして「そうね、ボーイフレン

*イライザの事例は、Weizenbaum, J. 1976 *Computer Power and human reason: From judgement to calculation.* New York: Freeman　一九七九『コンピュータ・パワー』（秋葉忠利訳、サイマル出版会）による。「世界で最も著名なAIプログラム」であるイライザは、当時、MITに在籍していたワイゼンバウムによって開発された。

図4　イライザとの談話　H：人間、E：コンピュータ（右のワイゼンバウムの著書より）

ドがここに来るように言ったの」という入力に対しては、「ボーイフレンドガアナタヲココニ来サセタ」、「彼は私がいつもふさぎ込んでいると言うんです」という入力に対しては、「フサギ込ンデイルトハ、オ気ノ毒ニ思イマス」というように出力します。

この種の一連のシステムのうち、特にドクターと名付けられているものが有名です。これは、精神臨床医みたいな応答をするわけです。もちろん、ドクターとやり取りする場合、人間の側からは見えないところにコンピュータが置いてあって、遠隔的にコンピュータとやり取りするわけです。

西阪　イライザというのは、こういう質問がきたら、こういうふうに答えるといったパターンが、プログラムされているんですか。

上野　適当なルールを作っておいて、例えば「こんにちは」と入れると、「コンニチハ」と返すとか、あるいは、キーワードを予めセットしておいて、そのリストにキーワードがないとき、「モウチョットクワシクセツメイ

H：男ってみんな同じ。
E：ドノヨウニ。
H：男って、いつもあれをしろ、これをしろって、うるさくてしょうがないんですもの。
E：何カ特別ナ例ヲアゲテクダサイ。
H：そうね。ボーイフレンドがここに来るようにって言ったの。
E：ボーイフレンドガアナタヲココニ来サセタ。
H：彼は、私がいつもふさぎ込んでいるって言うんです。
E：フサギ込ンデイルトハ、オ気ノ毒ニ思イマス。
……

シテクダサイ」と言うとか、ある程度決まりきったルールやキーワードを入れておいて、そうしたルールに応じてアウトプットするというようなものです。認知心理学が言うような意味的処理、例えば、内部にある知識表象に照らし合わせて文の意味の解釈の表象を作り出すなどということは一切してないのですけれども。要するに、キーワードを拾ったり、それに連合していることを出力するというような処理をしているのです。それほど難しいプログラムではないと思います。

こういうプログラムでも、条件によっては、人は、イライザを人間と思い込んで、イライザとのやりとりにかなりの程度従事するということが報告されています。カウンセリング状況におけるように、自分のことを延々と話すというんです。

多くの人はこの報告によって、ワイゼンバウムのプログラムはチューリングテストの単純な形をパスしたのだと信じるように至りました。しかし、ワイゼンバウム自身はイライザの知性を否定しています。それは、自分の作ったこのプログラムが、ごく単純なルールに従っているだけにすぎないからだというんです。

　このイライザと類似のプログラムは一杯あるわけですけれども、ドクターが最もチューリングテストによくパスしたと言われています。ドクターというのは、あたかもがロジャー主義的なセラピストのように振る舞い、それとやりとりする人間が患者であるかのように応答するということです。

　ちなみに、ロジャー主義的セラピストというのは、臨床的なセラピーをするわけですけれども、患者中心主義というか、患者に語らせて、患者が自分で悟るというか、そういう状態に患者を導くというようなセラピーの方法です。だから、臨床家は、「こうしたらいいんじゃないですか」といったような余計なことを言わないんです。だから、「もうちょっと詳しく言ってください」とか、言っていればいいわけです。

西阪　応答のパターンがその分だけ少ないということなんでしょうね、きっと。プログラムが作りやすいということでしょうね。

■ドクターとのやりとりにおけるドキュメント的方法

上野　そうですね。だから、逆に、コンピュータが人間からいろいろ質問されると非常に弱いところがあるんです。そういう場面にもってってしまうとね。だから、さっきのイライザの場合も、女性がもっぱら聞き役の友人に、「男ってこうよね」とか言うと、友人が「そうよね」と答えるとか、そういうような場面とイライザとのやりとりは似ているかもしれません。そういう場面では別にイライザがどういうものか暴露されにくいのでしょう。

クルターによれば、ドクター・プログラムというのは、「普通会話では共有の前提が語られないままである」という公準、つまり、「会話で言うことが少なければ少ないほど、言われていることの意味が自明である」という公準を悪用しているとも言えます。

つまり、人間の会話では、コメントが精緻化されないとか、詳しく語られないということは、それはお互い当たり前のことだということを一方でデモ

*「解釈のドキュメント的方法（the documentary method of interpretation）」という考え方は、ハンガリー出身の社会学者カール・マンハイム（Karl Manheim）が、『「世界観」の解釈について』という論文のなかで用いた「ドキュメント的意味」「ドキュメント的解釈」という概念にもとづいている。マンハイムによれば、表現は、⑴文字通りの文法的意味もしくは意味論的意味、および⑵その表現で表現者自身が何を言おうとしたのかという表現者の意

ンストレーションしている、社会的にディスプレーしているということになります。

それに対して、あることに関していろいろ「こうですよ、ああですよ」と解説すればするほど、そのことが自明ではないということを逆に社会的にディスプレーしているというわけです。ドクターは、そういう会話の公準を悪用しているというわけです。

ドクター・プログラムのデザインというのは、解釈のドキュメント的方法*を用いる人々の自然な傾向を不当に利用しているという言い方もできるかもしれません。ドキュメント的方法というのは、ガーフィンケル**が定式化しているもので、例えば、心とか意図が存在しているといったことを、実際のやり取りのなかで見えることを解釈するためのリソースとして用いる一方で、やり取りのなかで見えることが心とか意図が存在している証拠とされるという、人々が用いる日常的な方法です。

例えば、ドクターの事例でいいますと、コンピュータが、「ハイ」とか「モットイッテクダサイ」とか言ったりするとします。それを受け取った人

味・意図とならんで、(3)世界観の具現としての意味ももっている。この第三の意味が「ドキュメント的意味」と呼ばれ、その意味の解釈が「ドキュメント的解釈」と呼ばれている。ガーフィンケルは、「世界観」と「表現」の関係を、次のように「基本パターン」と「ドキュメント的証拠」の関係へと換骨奪胎し、両者が相互に洗練しあうことを強調する。一方で、個々の「証拠」を集めることで「基本パターン」が浮かび上がってくるけれど、それと同時に、他

間の方は、普通、この相手は知性があって、こういう意図があるからこう言っているんだろうということを仮定しながら解釈します。それと同時に、コンピュータの言っていることは、意図が存在する証拠としても受け取られるということになります。例えば、「こういうことを聞いたり、言ったりしているのだから、この相手には知性や意図があるに違いない」と見なすというわけです。このように、コンピュータの言っていることは、想定された意図などによって解釈され、かつ、意図が存在することの証拠としても用いられるというような関係になっているというわけです。

西阪　心とか知性というものが実際のやりとりのなかで見えてくる。つまり、ごくわずかな応答だけをするわけですけれど、その応答をつなげていって、点と線みたいな感じで、なにか心があるように、つまりその応答が「知的」であるように解釈しようとするわけですよね。なにか心があるような気がする。心があると思うと、やはりほかのいろんな応答も、もっともらしく聞こえてくるという循環があるという話ですね。

方で、想定された「基本パターン」に照らして個々の「証拠」がどのような証拠であるかが明らかになるという具合である。上野発言のなかでは、「意図があること」が「基本パターン」に、個々の発言が「ドキュメント的証拠」に相当する。

＊＊ハロルド・ガーフィンケル（Harold Garfinkel）はアメリカの社会学者。一〇ページの「エスノメソドロジー」に関する注を参照のこと。著書は一九六七年の『エスノメソドロジー研

上野　コンピュータの言うことがもっともらしく聞こえるのはなんらかの意図を想定するからでしょうし、また、そのようにもっともらしく聞こえたことは意図とか心が存在する証拠として受け取られるという循環的構成になっているというわけです。そういう循環的構成というのが、ガーフィンケルの言うドキュメント的方法であり、それはわれわれが相互行為で日常的に用いている方法ではないかというわけです。ドクターとかイライザというのは、そういう人間の用いるドキュメント的方法を利用しているということです。

以上のことは、サッチマン[*]も、ガーフィンケルに関連づけて、イライザとかドクターについて述べています。

■ドクターとのやりとりにおけるコンテキストの組織化

上野　私自身のコメントとしては、実際にはドクターを用いるコンテキストの組織化のあり方を問題にする必要があるだろうというものです。例えば、ドクターとやりとりする場面には、実験者がいて、「臨床医が向こうにいる

究（*Studies in Ethnomethodology*）』。全体の翻訳はないけれど、第二章が、サーサス他『日常性の解剖学』（北澤裕・西阪仰編訳、マルジュ社）に、第五章の大半が、ガーフィンケル他『エスノメソドロジー』（山田富秋・好井裕明・山崎敬一編訳、せりか書房）に、それぞれ訳出されている。

*ルーシー・サッチマン（Lucy Suchman）は、エスノメソドロジーの考え方を、「人間と機械の相互作用」研究の中に取り入れたアメリカの

んですよ」という教示を与えると思うんです。そういう類のコンテキストの組織化のあり方が、こういうドキュメント的方法を用いることを可能にする条件になっていると思います。

　逆に、例えば、最初から、これは人工知能だよ、ちょっとこのコンピュータの知的なレベルをチェックしてみてくださいねというように教示したら、全然違ったやりとりが組織化されるんじゃないかと思うんです。だから、コンテキストと発話の相互的構成というか、もちろん発話自体もコンテキストの一部になっていくわけですけれども、そういうところを一方では見る必要があるんじゃないかと思います。だから、単にドクターをぽんと与えるだけでは、こういうふうにはならないと思います。あるいは、単に人間がドキュメント的方法を用いるだけでは、コンピュータが人間に見えるわけではないと思います。そこにはやっぱりそこにいる実験者なりが、あるコンテキストを作ろうとする、そして、参加している被験者もそれに答えるというような、もうちょっと全体的なコンテキストの構成のなかで、ドクターが知的に見えるとか、意図をもっているように見えるというような構図になっている

人類学者。主著は、『プランと状況的行為』（佐伯胖監訳・上野直樹・水川喜文・鈴木栄幸訳、産業図書）。

んじゃないでしょうか。

西阪　つまり、コンテキストというものが、非常に重要な役割を果たしているということですね。

上野　そうです。実験者が、これは実際にセラピーの場面ですよと言い、被験者なり、患者なりが、それに同意しないとこういうことは成り立たないわけです。つまり、実験者も一方で共同的にこういうコンテキストを組織化している、そして、被験者の方も、ドクターにある答え方をすることで、やはり、このコンテキストの組織化に同意していることを社会的にディスプレーしているし、また、その組織化に関与しているわけです。そのなかでドクターは知的になっている。単に被験者とコンピュータのインタラクションが知性や意図を組織化しているわけではないと思います。サッチマンは、こういう議論はやっていないと思いますが。

西阪　そのコンテキストのなかでは、要するに非常に限定された振る舞いしかできないわけですよね。つまり、こういう場面のなかでは、例えば、中座をしてトイレに行くというようなことはあらかじめ排除されているということですよね。おそらくトイレに行くとしても、「ドクター」に対して「ちょっとトイレに行ってきます」と入力してから行く人は多分いないと思うんです。もしそれが今みたいな、実際に向かい合って対談をしている場面だと、当然「上野さん、ちょっとトイレに行きます」と言ってからでないと、席を立つことはできない。ところが、コンピュータに向かってだと、そんなことをいちいち断るほうが変だと、わたしたちはあらかじめ思っている。このようなコンテキストの違い、もしくは振る舞いの限定の仕方の違いみたいなものがあるから、逆に「ドクター」の応答をどう解釈するべきかも（そのような解釈は本来無限に可能なんだけれど）おのずと限定されてくる、ということなのでしょうか。

上野　そういうことも確かに含むと思います。例えば、イライザ、ドクターにこっちから向こうにいろいろ質問しだすと、その受け答えは怪しげになってくるわけです。だから、そういうふうなことにならないような方向づけということがなされているのかもしれないですね。大体、患者の側から「今日のあなたの状態はどうですか」などというように精神科医に質問するのは失礼だということになるわけですね。

西阪　その場合、そのコンテキスト自体が協同で作り出されているというところが多分ポイントなんだろうと思うんですけれど。一方で、プログラムのデザイナーが一定の枠組みを想定していて、他方で、その想定された枠組みにしたがって、ユーザーがやり取りを続けることによってそのコンテキスト、そのやりとりの基本的な枠組み自体が維持されていく、ということですよね。

上野　おっしゃる通りです。これは、また後で議論しますが、プログラムは、それ自体としてデザインされているわけではなく、ある種のコンテキストの組織化を想定した上でデザインされていると思います。もちろん、プログラムのデザイナーが、自分のそういう想定までを理論的な射程に入れているとは思えませんが。

■ガーフィンケルの実験

上野　じつは、ガーフィンケルも似たような実験をしています。この場合はコンピュータじゃなくて、サクラみたいなのを用意しています。やっぱりカウンセリングのコンテキストで被験者になった学生がドキュメント的方法をとっている例を示しています。

西阪　ガーフィンケルの実験*では、実験者たちは、最初に被験者たちに、いまカウンセリングのテクニックを開発している最中で、その資料を集めているとか言う。とにかくこちらからは、「はい」「いいえ」しか答えませんから、そちらからは必ず「はい」と「いいえ」で答えられるような形で質問し

＊『エスノメソドロジー研究（*Studies in Ethnomethodology*）』の第三章。ただし、元の論文は一九六二年に発表されている。

てくださいと、あらかじめ言っておくんです。そして、答えごとに、そのときどうしてそのカウンセラー（つまり実験者）のほうが、「はい」もしくは「いいえ」と答えたかについて、自分の解釈を録音テープに吹き込んでおいて下さい、それをカウンセリング・テクニックの開発に利用させていただきます、みたいなことを言うんですよ。そういうコンテキストを作るんです、あらかじめ。ところが、「はい」「いいえ」の答えの順番というのは、最初から乱数表で決めてあるんです。被験者のほうは、乱数表で決まっているということはわからないで、それぞれの「はい」「いいえ」にはやっぱりきちんとした理由があるんだろうと思っていて、もっともらしい解釈を吹き込んでいくんです。どうしてここで、「はい」と言ったんだろうと。私にはさっきの答えと矛盾するように思えるけれど、多分こういうことなのだろう、ということを録音していくんです。

上野　そうなんです。反対のことを言ってもつなげちゃうわけです。そういうのをやっていて、ほとんどワイゼンバウムの話とそっくりな事態が生じているわけですよね。

西阪　ある意味でコンピュータ以下ですよね。乱数表ですから、プログラム以前なんです。

■ガーフィンケルが示したこと

西阪　ガーフィンケルの実験は、たとえば、チューリング・テストの発想と一見似ているようだけれど、その考え方の基本は、じつは正反対であることがわかってきます。第一に、もしプログラムが知能だと言うんだったら、乱数表も知能だっていうことになってしまいます。乱数表が知能ならば、つまり無茶苦茶やること、つまりなにも考えないことが知能だということになってしまう。これは明らかに背理だから、やっぱりプログラムは知能じゃないということになりますよね。

それから、第二の論点。それならば、カウンセラー（＝実験者）の応答が

「知的」に、つまり「有意味」に聞こえてしまうのはどうしてか。それは、被験者たちが、いわば「解釈作業」をこころみ、それによって、与えられた答えを「有意味」なものへと作り上げてしまっているからです。極端な言い方をすれば、何が与えられても、解釈のしようによって、どのような意味をももちうる、ということです。このことの含意は、とくに先ほど話題になった行動主義との関係でも重要だと思います。つまり、身体運動のレベルではまったく似ても似つかないものが、行為としては同じでありうるし、逆に、身体運動のレベルではまったく同じものが、まったく異なる行為でもありうるということです。ジェフ・クルターが授業などでよく使う例が、わかりやすいと思います。彼は、「いま何時ですか?」という文をまず黒板に書く(精確に何を書いたか、じつは憶えていないんですが)。そして、学生たちにこの発言をした人はこの発言によって何をしていますかと聞く。まず思い付くのは「質問」をしている、ということですよね。そしてすかさず、それではこの発言を「返答」という行為にこれから変えてみます、と言って、その文の上に「彼女はいま何て言ったの?」という質問を書く。つまり、さしずめこんな具合です。

太郎「彼女はいま何て言ったの？」
次郎「いま何時ですか？」

つまり、次郎の発言は、「彼女」の言ったことを、そのまま引用しながら、太郎の質問に返答していることになる。少なくとも、次郎は、その発言を太郎に向けているにもかかわらず、太郎は、それを受けて次郎に「いま何時か」答える義務はないし、そんなことをしたらかえって変です。まったく同じ音声を発していても、それは「質問」をしていることにもなりうるし、あるいは「返答」および「引用」をしていることにもなりうるわけです。

そういうふうに考えると、行為の同一性は、行動パターンとはまったく独立なわけですから、行動主義者のいう、いわゆる「オペラント条件付け*」によって（行動もしくは身体運動レベルではなく）行為レベルの諸能力が習得できるという考え方は、きわめて疑わしくなってきますよね。行動主義者な

＊いわゆる「レスポンデント条件づけ」もしくは「パブロフ型条件づけ」とは、たとえば、犬に肉片を示すとき必ずベルを鳴らすといったことを繰り返すうちに、犬は、ベルの音を聞いただけでよだれを垂らすといった類いのものである。このとき、この犬は、ベルの音という刺激に（元来その刺激とは無関係な）反応（よだれを垂らす）を起こすよう「条件づけ」ら

らば、たとえば、コンテキスト内のさまざまな諸条件とともに、その当の行動が与えられれば、その「意味」はかなりの程度まで決まってくるはずだ、と言うかもしれません。実際、次郎の発言の直前に太郎の質問があったからこそ、次郎の発言は「質問」ではなく「返答」になるんじゃないか、と。しかしそのとき問題になるのは、そのコンテキスト内の諸条件の「意味」のほうはどうやって特定できるのか、ということです。たしかに、太郎の発言が「質問」だから次郎の発言は「返答」だったわけですけれど、その太郎の発言がまさしく「質問」という行為であるのはどうしてか、という問題です。つまり、周囲の諸条件を持ち出しても、問題を先送りするだけで、問題の解決にはならない。そこにさらに、その諸条件の周囲の諸条件をもちだすならば、無限後退におちいってしまう。これは、わかりやすい道理だと思います。

いずれにしても、心が実体としてあるということを否定したからといって、即、行動主義に与するわけではありません。この点は、押さえておいたほうがよいと思います。そこから、相互行為、つまりインタラクションとい

れたという。それに対し、たとえば、ハトがレバーをくちばしで突ついたら豆が転がり落ちてくるという仕掛けがあるとき、ハトは、最初はたまたまレバーを突つくだけであるけれど、同じ行動を繰り返すなかで、レバーを突つけば豆が転がり落ちてくることを「学習」する。これが「オペラント条件づけ」と呼ばれる。つまりハトは、「正の強化刺激」（豆が転がり落ちること）をもたらす行動の生起頻度が高まるよう「条件づけ」られたわけだ。

う観点が出てくるわけです。

上野　おっしゃる通り、ガーフィンケルが示したことの意義は、心理学的リアリティの地位がどういうものかということを問い直したということにあると思います。ワイゼンバウム自身は、このあたりは、ちょっと怪しいところがあって、決してエスノメソドロジーとか状況論的な感じではないと思うんです。「やっぱり本物の知性は存在するが、イライザとかドクターというのは、どうもこの本物の知性を持っていない」というふうな言い方をしています。しかし、ガーフィンケルの場合は、むしろ心とか意図とか、そういうもののリアリティというのをどう考え直すべきか、ということを大きく問い直したという点でワイゼンバウムと根本的に異なっていると思います。

導入のところでも言ったことですけれども、伝統的には心理学でもＡＩ研究でも、心や意図、プラン、知識表象といったものが個人の内面に予め実体として存在するものとして議論したり研究したりしてきたわけです。しかし、ガーフィンケルによれば、むしろ主体、個人といったものや心、意図といったことは、ある種の相互行為のなかで組織化されるし、また、そうした相互行為を組織化するリソースなんだということになります。あるいは、個人、心、意図、知性といったことは、与えられた固定的な実体というよりは、ある種のdoingとか、相互行為として見るべきなんじゃないかというわけです。

ガーフィンケルやサッチマンは、心のリアリティの問題は社会のリアリティをどう見るかという議論と非常にパラレルであるとも言っているように思えます。例えば、サッチマンは、ガーフィンケルに言及しながら社会について、以下のように言っています。*

「社会科学のための卓越した問いは、それゆえ社会的事実が客観的に土台を与えられているかどうかではなく、客観的な土台がどのように達成されるかということである。客観性は体系的な実践、あるいは私たちのユニークな経験や相対的な事態を相互に理解可能にするメンバーの方法の産物である。」

*ルーシー・サッチマン（Lucy Suchman）『プランと状況的行為』（佐伯胖監訳・上野直樹・水川喜文・鈴木栄幸訳、産業図書）。

リアリティとしての社会について、こういうことを言っているわけです。
これは、次のようにパラフレーズすることも可能だと思います。

「心の科学の卓越した問いは、心理学的内面といったことが客観的に土台を与えられているかどうかということではなくて、その客観的な土台がどのように達成されるかということである。」

さらに

「その客観的な土台とは、システマティックな実践である。あるいは、私たちのユニークな経験や事態を相互に理解可能にするメンバーの方法の産物である。だから、エスノメソドロジストの関心は、どのようにして（心についての）相互的な理解可能性や心理学的世界の客観性が達成されるかということである。心理学的世界についての私たちの常識は、私たちの相互行為の前提条件ではなくて、その生産物である。」

要するに、心があって、インタラクションをやっているのではなくて、インタラクションの中で心が可視的になり、組織化されるということです。同様に、「社会的事実の客観的リアリティは社会学研究の基本的な原理ではなくて、社会学研究の基本的な現象である」という言い方をしているのを、

「心理学的事実の客観的リアリティは、心理学研究の基本的な原理ではなくて、心理学研究の基本的な現象である。」

というふうにパラフレーズできます。

ガーフィンケルやサッチマンの場合は、心理学的事実ではなくて、社会的事実のリアリティに関して言っているわけですけれど、「社会学」を「心理学」に入れ換えても、同じことだと思います。心のリアリティの問いということは、社会や社会構造のリアリティへの問いということと非常にパラレル、ある意味では同じようなところがあるんじゃないでしょうか。

■相互行為に埋め込まれた心

西阪　だから行動還元主義のように、心の存在を否定しているわけではない。ある意味では、心的な現象は、ちゃんとあるわけです、現象としては。現象としては、なにかやっぱり意図的な振る舞いというのはある。自分はたしかにこういう意図をもっていたということもあれば、あの人はこういう意図でやったに違いないということもある。

上野　そう。だから現象として見ればいいわけです。つまり意図とかプランいったものがプログラムのように頭のなかにあって、それが実行されて、言葉や振る舞いになっているわけではない。やはり、何かをやりとりしたり、協同的に行う中で、行為の意図を社会的にディスプレーしたり、また、ディスプレーを意図としてみたり、あるいは、いろいろ見聞きしたことを意図と関係づけて理解可能にするとか、そういうような形で心が作られてくると思います。その限りで、心とか意図はあるんだということになるわけです。しかし、いわゆる頭のどこかに意図というものがプログラムされているような形であるわけではない。

さっき循環という言い方がありました。それはこういう意味だと思うのですが、やりとりの中で、相手に意図があると想定して、その相手の言ったこと、その意図との関係で理解したり、説明をする。それと同時に、相手の言ったことが、逆に、やっぱりこの人にはこういう意図があったんだというふうに理解される。このように循環的に、相手の意図なり、心なりが生み出されてくるというか、そういう現象として研究すべきである、ということです。心はあることはあるんだけれども、あり方が問題だというわけです。

ですから、心は、そういう相互行為のなかにあるという言い方が可能です。あるいは、ある特定の状況の中では心はあるという前提で相互行為が組織化されているということも可能かもしれません。だから doing mind（心をすること）であって、あくまでそういう意味で、心はあるということになります。

西阪　「心は相互行為のなかにある」。ぼくたちは好んでこういう言い方をするわけですけれど、ひとつ気をつけなければならないのは、たしかに、心は、皮膚界面下になんらかの形であるわけではないんですが、だからといって、なにか相互行為している私とあなたのあいだに幽霊のようにふわふわ浮いていているというものでもないということです。たしかに、心は、皮膚界面下に（それが脳もしくは神経系のプログラムなのかどうか、ということは別として）、なにか怪しげなミステリアスなものとしてあるわけではない。しかし、もしそれが相互行為のなかになにか実体としてあるというならば、それこそミステリアスです。私の心はやはり私の心であって、あなたの心ではない。夏目漱石の主人公*ではないですけれど、私の心はあなたの心には絶対になれない。私はあなたに代わって、痛みをもつこともできないし、あなたのかわりに意図することもできない。これは事実です。心はやはりだれかに帰属されるんです。この「心理学的事実」を現象として扱っていこうというのが、いま上野さんの言われたことだったたと思います。

ぼくたち、エスノメソドロジストや状況認知派が、心は相互行為のなかに

＊夏目漱石は『行人』の主人公に「他《ひと》の心は外から研究は出来る。けれどもその心に為って見ることは出来ない。…」と言わせている。

ある、と言うとき、ある種スローガン的に言っていることも確かで、その内実をきちんと言っていかなければならないと思います。ぼくなりに整理しようとすると、だいたい二つのことが言えると思うんですが、ひとつは、これまでの上野さんのお話と直接重なることです。心を実体としてもつ、つまりなにか幽霊のようなものを皮膚界面下に飼っているように考えると、心は純粋に「私的」な「個人的」なものであって、ぼくは他人の心に原理的に近づくことができないかのように思えてきます。しかし、そんなことはないわけで、私の心は私の心だけれども、原理的にはむしろ心は相互行為のなかで、相互行為に対して透明です。もちろん、打ち明けられない秘密をもつことはありますが、だからといって、心は原則的に他人に「隠されている」と言う必要はないと思います。

上野さんがおっしゃっていたのは、心をだれかに（あるいは自分に）帰属するということ、つまり「心をすること doing mind」は、具体的な相互行為のなかで、その相互行為を進めていくための一つのリソースにほかならない、ということだったと思います。つまり、心（的なカテゴリー）の帰属は、単にだれかの「心的状態」を記述するためになされるわけではない。それは、一定の活動としてなされるんです。たとえば、ふたたび「意図」が、わかりやすいと思います。* 先ほどちょっと言いましたように、伝統的な社会学では、行為は定義によってすべて意図的な行為なんです。行為である以上は、まず意図があって、ここで言うプランみたいなものがあって、それで行為が行われるというんですよね。たしかに、私たちは、あの人は意図があったとか、意図的だったとか、ということがあります。ところが、実際にそういうふうに言うことができるのは、かなり限定されたコンテクストのなかでしかないですよね。たとえば、ぼくがいまここで意図的にしゃべってるなんて言ったりはしないですよね。たとえば、上野さんがお茶を持って来て、ぼくのズボンの上にぱっとこぼしちゃった。上野さん、わざとやっただろうというときに、意図的にやったという話になるんですよ。ここからいえることは、まず、そもそも「意図」をだれかに帰属するとき、じつは本人が気がついてないような「意図」を他人が帰属することがありうるということです。また、「意図」を帰属するのは、たとえば「非難」という行為なり活動なり

＊以下の議論については、ジェフ・クルター『心の社会的構成』（前掲書）の八一頁以下を参照のこと。

を行うことにほかならないということ。つまりそれは、相互行為を進めるための一つの「指し手」にほかならない。要するに、意図の有無は、本人の内面的状態（感覚・気分など）とはまったく独立に、さまざまな具体的な、そこに居合わせている人たちすべてに近づきうる事柄に依存しているわけです。だから、上野さんが「そんなつもりはなかった」と意図の帰属を否定しようとしても、もしぼくのズボンの上にお茶をこぼしたのが今回だけでないとしたら、またぼくがどこに座っていても、ぼくだけがいつも被害者となるとしたら、上野さんは「そんなつもりはなかった」ことを、他人にも納得できるような仕方で説明しなければならなくなると思います。このような状況のなかで、にもかかわらずただひたすら「そんなつもりはなかった」と言い張るだけならば、その主張が受け入れられないだけではなくて、その本人の社会生活を送る能力が疑われかねないですよね。

それから、「心は相互行為のなかにある」ということについて、もう一つ。認知主義は、コンピュータ・プログラムとして使えるようなルールの束を書き出そうとしていますよね。その一群のルールは、人間が「知的」に振る舞うための必要十分条件となっていて、そのつどの具体的な状況がどうであるかとは無関係に定式化できると考えられていますよね。少なくとも、そのようなルールを定式化することが理想とされているように思うんです。その意味では、行動主義も同じで、一定の刺激反応関係のパターンをルールとして定式化しようとしていますよね。行動主義はそうすることで、心の概念を一切用いずに人間の「知的」振る舞いをすべて説明し尽くそうとしていると思うんですけれど、ぼくがいまここで問題にしたいのは、そもそも人間の（特定の）「知的」振る舞いの必要十分条件を、あるいは必要条件だけすらも、書き出すことはできるのかということです。すでに繰り返し述べられてきたように、人間の「知的」振る舞い、すなわち行為の成立は、そのつどのコンテキストに決定的に依存しています。それは、いままでの上野さんのいろいろな例からも明らかだし、いまぼくが用いた「意図の帰属」の例からもわかっていただけると思います。それじゃ、そのコンテキスト内のさまざまな事情を一つの条件として逐次書きだしていけば、必要十分条件がえられるんじゃないか、みたいな気もするわけですけれど、絶対そんなことはあり得ない。そんなことを試みようとしても、無限後退におちいるだけだ、ということはすでに述べたとおりです。

　この点と関連して、ジェフ・クルターが、よく「取り消し可能性」ということを言っています。英語では、defeasible という言葉で、哲学では「阻却可能性」とか訳されるみたいです。ちなみに、「阻却」って、辞書を調べたら、どの辞書にも出ていなかった。もともとはハート＊というイギリスの言語派の法哲学者が使った概念なんです。クルターの論点は、要するにこうです。心の帰属は、そのつどその場では非常に確かなものとして行われるかもしれないけれども、それはいつでも取り消される可能性にさらされている、と。つまり、ある条件がたまたま出てくれば、それはいつでも取り消されてしまうという話なんです。たとえば、ぼくは足し算を理解しています。もちろん、計算違いをすることはしょっちゅうありますが、にもかかわらず、かなり確かなこととして「足し算の理解」を帰属されていると思います。しかし一方、ぼくがしばしばやってしまう「計算違い」に一定のパターンが発見されて、その結果、じつはぼくは変な仕方で足し算を理解（つまり誤解）し

＊H. L. A. Hart, 'The ascription of responsibility and rights' (A. Flew (ed.), *Logic and Language*. Doubleday-Anchor). ハートの主著は、『法の概念』（矢崎光圀監訳、みすず書房）など。

ていたことが明らかになるかもしれない。つまり、足し算をきちんとは理解していなかったことが明らかになる可能性に、ぼくはさらされています。でも、取り消し可能性にさらされているからと言って、その帰属の確かさが失われるわけではない。ぼくはそれでもやはり、確かに「足し算を理解している」と自分でも思っているし、多くの人はそう思ってくれていると思う。だからなんだと言うと、つまり、どこまで細かく帰属の状況的要因を書き出していったとしても、全部を書き尽くすことなどできそうもないし、またする必要もないということです。心の帰属は、そのつどの（「局所的」な）状況のなかで、その状況に応じた仕方でなされているんです。だから、心の研究は、もはや、一定の普遍性をもった一般理論を作るということではありえないということになります。それは、あくまでも、そのつどの具体的な状況のなかで、そのつどの相手の出方、自分の出方に応じて心がどのように立ち現われ帰属されるかを、丹念に記述していくこと以外にはありえないように思うのです。こうすることで、日頃私たちが心と呼んでいるものの実態に近いものが見えてくるのではないか。これが、心は相互行為のなかにあるということの、そのココロは、という話だと思います。

この最後の点は、抽象的に言ってもわかりにくいと思いますので、おいおい具体的な事例に即しながら述べていきたいと思います。

〈2〉状況的ロボティクス

■状況的ロボットはどのように「状況的」か

上野　ロボットやAI関係の話題に関しては、最後に状況的ロボット工学の話をしてみたいと思います。状況的ロボットというのは、ブルックス*などによって作られているもので、次頁の図5の写真のような形をしており、火星

*ブルックスはMITのロボット工学者。八〇年代後半、状況的ロボット工学の研究、開発で有名になった。**Brooks, R.** 1988. *Intelligence without representation.* MIT AI Lab. technichal report.（柴田正良訳　一九九〇「表象なしの知能」現代思想一八巻三号、八五—一〇五。）

探査用に開発されたという話です。

西阪　へえ、そうなんですか。言われてみれば、火星探査用のロボットって、ブルックスの昆虫ロボットと確かに似てますよね。

上野　かなり実用的なものをめざしているようですが、この「状況的ロボット*」は、〝表象なきロボット〟ということで一時かなり騒がれたことがあります。ロボット内部に表象をもたず、環境を表象として利用して動き回るというような特徴づけがなされています。従来は、ロボット内部に環境の記号的表象を作り、その表象に照らして環境を解釈して、その解釈に基づいて行動するというような設計がなされていたわけです。しかし、状況的ロボットは、基本的には、そうした環境の表象を内部に持たず、環境の構造をそのまま利用して行動するというような仕掛けになっているために、このロボットは「環境を表象としている」というわけです。

この状況的ロボットの設計では、知的システムの分析の単位を変えている

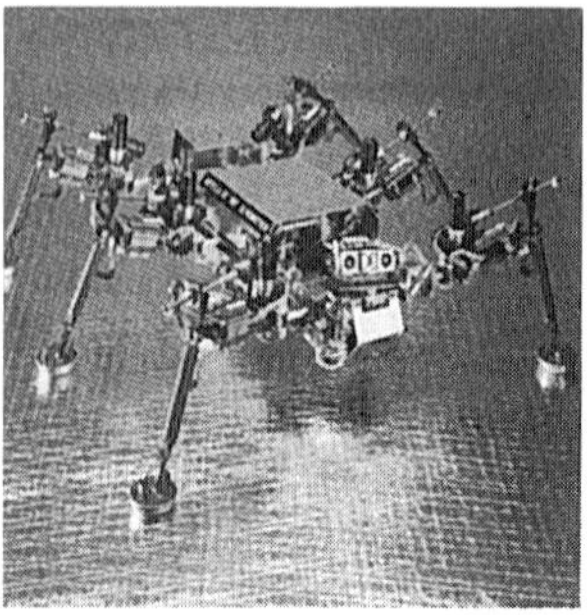

図5　昆虫型ロボット、〝クリーチャー〟

＊状況的ロボット工学の諸研究、諸事例に関しては、美馬が詳しく解説している。（美馬義亮　八章「状況を認知するロボット」上野直樹編「状況のインタフェース」金子書房所収（二〇〇〇年

という言い方も可能かも知れません。つまり、知性は、ロボット内部にあるのではなく、ロボットと環境という関係的なシステム全体が知性なのだというわけです。

実際の仕組みとしては、センサーと駆動部の関連づけが独立なプロセッサーによって行われており、これらのセンサーと駆動部が並列に動作するということのようです。これは、ある意味では、ブライテンベルクの模型にそっくりなところがあるのです。より具体的に言うと、一番重要なモジュールとして衝突回避のためのモジュールがあります。例えば、超音波ソナーで超音波を発信して環境を探索し、障害物の接近を感知したときロボットの進行方向を変えたり停止するという行動をとるための駆動部があるというわけです。このようにして、外界に対する反応は記号によって意味づけされる以前のレベルで処理がなされているというんです。

このようにして、表象をもたないロボットと呼ばれたこの種の一連のロボット群は、行動するにあたって、記号による表象を必ずしも必要としないのです。つまり、世界、環境といったものに関して記号的に表象するような

三月現在、印刷中）

また、橋田は、状況的ロボット工学におけるようなロボットは、「環境を表象としている」ものとして解釈している。（橋田浩一　本書九章「情報の部分性と知能の設計」上野直樹編「状況のインタフェース」金子書房所収（二〇〇〇年三月現在、印刷中）

さらに、有元は、状況的ロボット工学においても、それが知的であると判断するのは、基盤を入れ替えながらそのロボットのふるまいを観察しているロボットの設計者で

あると指摘している。

（有元　一九九七私信）

プログラムを用意して、そういう表象を媒介として「危ないから避けよう」というふうなシンボル的な操作はしないんです。このような衝突回避のモジュールだけで構成されたロボットはプランというものを持たず、ただ衝突しないで動き回るだけの存在ですが、既存のロボットよりもうちょっと頑健というか、安定しているというか、ちゃんと環境に適応するそうです。

このロボットをベースにさらに高級な動作を行うロボットが開発されています。つまり、より高級な動作をするモジュールを段階的に付け加えるそうです。モジュールが独立で層構造になっているので、こういうことも可能になるというわけです。例えば、衝突が回避できるようになったら、今度は、設計者は移動を行うためのモジュールを追加する。このモジュールもセンサーと駆動部の制御を行う部分からなっており、障害物を回避するモジュールの特性を生かしたまま、さらに移動を行うモジュールを付加するというわけです。

この段階では、障害物を回避しながらただ移動を行うだけですけれども、次の目標の探索を行うロボットを作ることもできるという話です。例えば、ブルックスが開発したロボット群のなかでハーバートと名付けられたロボットは、MITのAIラボの研究室のオフィス内を動き回り、缶ジュースの空き缶を見つけたら回収する。知的とは言えないかもしれないけれども、意思をもって動いているように見えるに違いないということです。さらに、このロボットに地図の作製モジュールを追加することも可能だそうです。

このようにブルックスのロボットは、相互に緩やかな関係をもちながらも、並列性と独立性の高い階層構造の制御モジュールが、周りの環境に反応する入出力系であるということになります。一方、伝統的なロボットというのは、順序づけられ、緊密に関係した何段階にもわたる事象の処理を行ったうえで解を探索し、その解をもって環境に反応する入出力系ということになります。これは、どういうことかと言うと、センサーからなにか入ってきたら、その〝感覚刺激〟は次の処理の段階で記号的表象を媒介として「これは障害物である」などというように解釈されます。この解釈に基づいて、どのように動くか、振る舞うかが決定され、それが駆動部に伝えられて、実際に動くというわけです。こういう処理をするためには、例えば、障害物とはなんぞやとかというような抽象的な知識が必要だということになるわけです。このように伝統的ロボットでは段階的な情報処理がなされており、垂直的な処理だということになります。

これに対して、状況的ロボットは、緩やかな関係は持ちつつも独立の各モジュールが並列処理をするわけです。そして、状況的ロボティックスの場合は、要するにセンサーでなにか感じれば避けるというように、駆動系とセンサーが直接的につながっているのです。このような仕掛けなので、特別にプランとか知識とかは必要がないのです。

ブルックスによれば、従来のＡＩ研究は高級なことをやり過ぎた、昆虫に戻るべきだ、昆虫ロボットというふうに、ゾウリムシとかアリとか、そういう非常に単純なところに戻ったらいいんじゃないか。そのほうが、よりまともに動くし、柔軟で、頑健で環境が少し変わっても適応できる。ところが従来の表象ロボットというのは、環境が少し変わると、まともに動けないというのです。

西阪　環境が変わる可能性を想定できないんですよね。環境がどう変わるかなんていうのは、無限の可能性があるから、それに手をつけだすと、無限の可能性をプログラムに入れなければならない。つまりプログラムはいつまでたっても完成しない。

上野　その環境の定義ということは、それこそ無限になってくる。だから表象をつくらないで、環境そのものが表象だというわけです。つまり、環境はこういうものだと記述する抽象的な知識構造を内部に作るのではなく、環境の構造をそのまま利用して動くようにするような仕掛けを作ればよいというのです。実際問題、作る方としては、ゾウリムシのような、昆虫のようなロボットをつくるほうが簡単かもしれない。でも、昔ながらの、作るのが大変な高級なロボットのほうがうまく動かないという皮肉な現象があるわけです。

■状況的ロボティクスの知性観

上野　そこで状況的ロボットは、革新的なものかという議論ですが、結論を先に言ってしまうと、ある意味で、状況的ロボットも伝統的なロボットとそう変わらないんじゃないかということになります。伝統的AI研究では、わりとナイーブに認知主義的、プログラム主義的に実体としての知性を実現しようとした。それに対して、状況的ロボティクスは、そういうナイーブな知性の実体主義を捨てたということは言えるかもしれませんが。

状況的ロボティクスの研究者は、次のように考えているように見えます。ブライテンベルクやワイゼンバウムの例が示すように、人間がシステムの振る舞いをもとに理解する知性や内部構造と実際のシステムの内部とは根本的に異なっています。ワイゼンバウムなどによれば、いかにもシステムに心があるように見えるけれど、その実体は単純なんだよというわけです。状況的ロボットの動きを見ていると、いかにも意図なり、知性なりがあるように見えるけれど、全然メカニズムが違うんだよというわけです。したがって、認知主義、あるいはプログラム主義は、根本的に見直される必要があることになります。

さらに、彼らは、例えば、知性、知能といったことが、単にロボット内部にはなく、環境も含んだより大きなシステムの中にあるというように知性、知能の分析の単位を変えることを提唱しているようにも見えます。例えば、さきほども言いましたが、ロボットの内部に環境の表象を作るのではなく、環境の構造を表象として用いるような仕掛けを作ることを通して、ロボットおよび環境の構造をあわせて知的なシステムと呼べるというわけです。

■誰が知性を見るか

上野　しかし、仮に知性とか知能ということを見る際の分析の単位を変えたとしても、根本的に、その発想は変わっていないように思います。例えば、ロボットなどのシステムの知性とか知能は、一体誰がどのように観察し、そういうものがあると見なすのかということが問われていないと思います。

例えば、いろいろな基板を入れ替えながら、やはりそれが知的であるとか、柔軟に見えることに依拠しながら設計しているという点では、伝統的AIも状況的ロボットも基本的には同じです。つまり、ロボットが知的であるのは、それ自体として知的であるからではなくて、あくまで設計者のデザインをする実践のなかで、設計者にとって知的に見えるわけです。ここでの知性とか、柔軟性といったことは、文字どおりのロボットの内面、メカニズムを指すものではありません。しかし、設計者は、例えば、ロボットの振る舞いが柔軟であるといったことに関係づけて、ロボットの振る舞いを秩序づけ、一貫したものとして理解可能にしているわけです。そうしたことと関連づけながら、基板を入れ替えたりなどしてロボットを設計しているわけです。

しかし、ロボットを設計したり、その振る舞いを理解するとき、実は、ロボット以上のものをデザインしていることを忘れることはできません。例えば、ロボットの振る舞いが柔軟であるということは、一般的に言えるでしょうか。例えば、すでに述べたようなドクターの例では、それを用いるコンテキストもデザインされていました。このことは、状況的ロボットに関しても同じです。こうしたものの設計では、設計者は同時にロボットが動くためのコンテキスト、環境、活動も一方で想定したり、準備しているわけです。あくまでその中でロボットは柔軟に、あるいは、知的に振る舞うように見えるわけです。

例えば、ロボットが障害物を避けて、見事に目標地点に到達したとします。この場合、環境中のある対象を〝障害物〟とか〝目標地点〟というふうに見るためには、なんらかの目的的な行動が想定されている必要がありま す。そうした想定のもとで、はじめて、環境中のある対象が〝障害物〟であるとか〝目標地点〟と言えるわけです。つまり、設計者はロボットを設計すると同時に、ある種の目的的な行動を想定し、デザインしていると言えると思います。

あるいは、ブルックスの空き缶を集めてまわるロボットの場合は、空き缶を集めてまわるというロボットの活動がデザインされ、また、ロボットの動き回る環境も、特定の目的的行動の想定のもとで形で記述され、またアレンジされたものです。そして、このようなロボットに期待される行動は、例えば火星探査といったような特定の人間の活動から導き出されているのです。

このようなコンテキストのもとで初めてロボットは、〝知的である〟、より正確に言うなら、観察者やデザイナーにとって、知的であるとか、柔軟であるとか、頑健であるように見えるのだと思います。あるいは、ある目的的な行動に照らして初めて可能になるような柔軟性、頑健性といった判断基準にもとづいてロボットを観察しながらモジュールを入れ替えたり、付け加えているというわけです。

このようにして、あるシステムが、知的であるとか、柔軟であるということは、システム自体がそうであるからではなく、そのシステムの観察者、設計者、利用者の活動に依存したものなのではないでしょうか。

こうしたことは、知性とか知能の分析単位を、ロボットと環境がセットになった、より大きなシステムに変更したとしても同じだと思います。つまり、そのより大きなシステムに知性を見るのは誰かということが問題になると思います。より詳しく言うと、その大きなシステムの知性は、それ自体として知的なのか、それとも、そのシステムを設計する活動を行っている誰かにとって、知的に見えるのかということが問題になります。

■ロボットのデザインとコンテキストのデザイン

上野　そうであるとするなら、より大きな分析単位や新しい内部構造を考えることが新しいのではなくて、むしろ設計者によるロボットのデザインと環境・コンテキストのデザインの関係をとらえ直すということが、むしろ新しい問いと言えるんじゃないでしょうか。要するに、ロボットという一種の道具のデザインと、私たちも関与する活動や課題やコンテキストをどのように定式化、組織化、デザインするかということは、切り離すことができないと思います。

もちろん、あるロボット、ＡＩを設計するとき、いわゆる内部、機械の中身を設計する必要があるわけですけれども、しかし、その内部は同時に想定され、あるいはデザインされる人間的、社会的コンテキストや環境と切り離すことはできないと思います。ロボット、あるいは、それに環境を加えたより大きなシステムそれ自体として知的であるということは、ありようがないし、分かりようもないわけです。

このようにして、ロボットおよびそれが動き回る環境をデザインしたり、準備したり、設定するのは誰で、そうしたデザインが、どのような活動に埋め込まれているかといったことを問題にすべきだと思います。

状況的ロボットというのは、表象なき知能というキャッチフレーズで一見、非常にラジカルに見えるんですけれども、根本的な点でそれほどラジカルとは言えないように思います。つまり、彼らは、人間の実践や、ロボットのデザインとかロボットの周りのコンテキストのデザインとか、そういったものの関係を根本的にとらえ直そうとしているようには見えません。

むしろこういうところから汲み取るべき教訓としては、分析の単位がどうであれ、「知性そのもののデザインはできない」ということじゃないでしょうか。ロボットの内部や環境もデザインして、それは非常によく動くとか、頑健であるとか、柔軟であるとか、知的であるとか、知的でないとか判断するのは、あくまで設計者です。つまり、ここで問題にされている知性とは、あるデザインの目的があって、デザイン実践というのがあって、ある種の道具を作りたいということがあって、そういうコンテキストにおける知性です。あくまで人間の活動のなかで、知的に見えるとか、柔軟に見えるとかそういうものを手掛かりにしながらロボットを作っているわけですから、むしろ、そういう設計者の活動を含めた全体的な関係を考えるべきだ、というふうになると思います。

■ロボットの設計者のドキュメント的方法

西阪　その意味では、先ほどのガーフィンケルの実験と同じで、ガーフィンケルの場合なら、カウンセラーの応答が「知的」に聞こえるのは、被験者である受け手の側がどう解釈するかに依存していたわけですよね、いわば。カウンセラー自身の「内部そのものの設計」は、単なるデタラメだった。こんどのロボットの場合も、その動きを観察している設計者のほうが、上手く動くと判断しているわけですよね。ロボット自身は別になにも判断していないわけですから。言い換えれば、設計者が設定したコンテキストのなかで、設計者の特殊な目的に応じた基準に照らして、ロボットの動きは「知的」に見えてくる。あくまでも設計者にそう見えるということですよね。そういう意味で、ロボットが「知的」であるかどうかは、ロボットの内部構造だけではなく、むしろ、ロボット設計という特殊なコンテキストに依存しているんだと思います。ロボット設計という特殊な活動のコンテキストの外では、そのロボットはきっとちっとも「知的」に見えないんじゃないかと思います。実際、目の前になにか現われると、ひたすら逃げまくるような人がいたなら、私たちはむしろ、そんな人はちっとも知的でない、と言うんじゃないかな。「もっとよく考えて行動しなきゃ」と言ってやりたくなりますよね。そもそも、なにかあるものを「障害物」だと判断したり、特定の動きを「回避」だと判断するのも、設計者であって、ロボット自身ではない。

上野　そうなんですよ。ロボット自身が自分で「上手くいく」というふうに判断しているわけではない。設計者、あるいは、われわれが上手くいくというふうに見ている。従来のＡＩ研究では、ナイーブに、その振る舞いが知的に見えるならその内部も知的な構造を持っているというふうに考えていた。一方、状況的ロボティクスは、ロボットと環境をセットにしたより大きな単位のシステムの中に知性を見るわけです。しかし、従来のＡＩ研究も、状況的ロボティクスも、分析の単位は異なれ、結局、設計者などの人間の活動と独立に存在するあるシステムに知性があると考えていたという点ではなんら違いはないと思います。

■状況的ロボティクスと心の問題

上野　そういう意味では、分析の単位は異なれ、心のモデルを捨てているわけではないように見えます。

西阪　ブルックス自身は、自分はあくまでもこれは工学的な関心でやっているので、心の問題といった哲学的な問題の解決に対する貢献は、一切考えていないみたいなことを言っていたと思うんですけれども、それでも、プログラムの作り方しだいで機械が「より賢く」見える事例であることにはちがいないわけですよね。上野さんがいまおっしゃりたいのは、だからといってその「賢さ」はもっぱら機械の内部構造そのもの、あるいはプログラムの作り方そのものだけに依存している、と考えてはいけない、ということなんでしょうね。

上野　あくまで設計者などの活動と独立に知性の存在を想定するという意味では、伝統的な心のモデルが暗黙のうちに前提されているように思います。

■ボトムアップなシステム論の意味

上野　別の言い方をすれば、状況的ロボティクスの見方というのは、最近流行のボトムアップなシステム論に似ているようにも思えます。

西阪　ぼくも、これまで上野さんのお話を聞いていて、いま流行りの「複雑系」なんかも同じじゃないかと思ったんです。「ポジティブ・フィードバック*」の話なんかとも基本的な発想に相通じるものがあるように思えます。実際にどのくらいみんな同じなのか定かではありませんが。

　伝統的なサイバネティック・モデルで考えるときには、まず目標が立てられて、その目標を達成するためのプランが立てられる。たとえば家をつくるときに、設計図をまず書くわけです。あらかじめイメージとして家の形があるわけです。それを建てるためには、まずどういうふうに土台をつくって、どういうふうに壁をつけて、というふうな作業手順が決められる。そしてそれに従って実際に家が建てられていく。これが「表象としてのプラン」にもとづくやり方ですよね。かりにこのようなプランに従って家を建てていく自動制御装置付の機械というものを想像してみたらいいんです。たとえば建築の途中で、なにかの拍子でグラッと来て作りかけの壁が傾いてしまった。壁

*伝統的なサイバネティック・システムとは、みずからの作動の結果に応じて次の作動を調整する機構、すなわちフィードバックを通じて、みずからの出力が目標状態に近似な状態を維持するよう自己制御するシステムのことである。エアコンなどが、よい例である。つまり、設定された温度（目標状態）よりも室温が下がりすぎないよう、エアコン自身が

を垂直に張り合わせるべきところが、ちょっとずれて八〇度ぐらいになっちゃった。九〇度が、九〇・〇二度くらいだったら、まあそれはいいだろうけれども、それが八〇度になっちゃ具合が悪いだろう。となると、それを設計図どおりに直すわけですよね。要するに、予定に反することが偶発的におきた場合は、それを元に戻す。つまり、偶発的な出来事を否定するような形で、フィードバックを行っていく。つまり「ネガティブ・フィードバック」ですよね。そういうふうにネガティブ・フィードバックをしながら、最終的な目標を達成していくというのが、いわば伝統的なサイバネティック理論としてあったと思うんです。もっとも、この形の制御を機械に全部きちんとやらせようとしたら、じつはとても難しいんだということが、先ほどからの上野さんのお話の出発点にあったと思うんですが、つまり、作業手順をプログラムに書き込もうとしても、必要な情報は無限に膨らんでしまう、というお話ですよね。また偶発的な逸脱といってもどのようなことまで想定しておけばよいのか。壁を張り合わせたとき角度は九〇度だったけれど、土台ごと建物全体が沈んでしまったなんていうことになったら、どうなるのかみたい

みずからの作動を自己制御する。最初は、フィードバックといえば、もっぱら（右のような）逸脱を否定し目標状態に近似な状態を維持するよう働くものであったけれど、その後、逆に逸脱を増幅するように働くフィードバックの重要さが指摘されるようになった。このような逸脱を増幅するフィードバックは「ポジティブ・フィードバック」と呼ばれ、それに対して、旧来の、逸脱を否定するフィードバックは「ネガティブ・フィードバック」と呼ばれる。

な。

一方、丸山孫朗という人が「セカンド・サイバネティックス」ということを一九六三年に言い出しました。* いわゆる「ポジティブ・フィードバック」という考え方が出てくる。「散逸構造論」のプリゴジンなんかも引用している蟻塚の例がわかりやすいと思います。** どこだかの蟻は、立派な蟻塚をつくるんです。それがすごくきれいな階層構造になっていて、それこそ絵に描いたバベルの塔みたいなのをつくるんだそうです。ところが、当の蟻たちはそんなものを最初からイメージとしてもっていない。つまり彼らの建築には、建物全体についての「表象としてのプラン」がない。なにをしているかと言うと、要するに、フェロモンを出すんですよ。砂つぶと砂つぶをくっつけるときに接着剤を出す。そこにフェロモンが含まれていて、たまたま別の蟻が近くにいると、その匂いをかぎつけて寄ってくるわけです。もしこんどは同じ場所で二匹の蟻が同じことをすると、こんどは一匹よりも強い匂いを出すから、より強く他の蟻たちを引きつけることになりますよね。そういうふうに最初は均等に蟻が分散していた状態だったのが、そこに偏りが生じてくる

*マゴロー・マルヤマ（Magoroh Maruyama）「セカンド・サイバネティックス」（佐藤敬三訳『現代思想』一二巻一四号一九八一一二四頁）。

**I・プリゴジン（Ilya Prigogine）とI・スタンジェール（I. Stengers）の『混沌からの秩序』（伏見康治・伏見譲・松枝秀明訳、みすず書房）を参照のこと。プリゴジンはベルギーの化学者・物理学者。

わけです。つまり、こんどは三匹になればさらに匂いが強くなるから、より遠くの蟻たちが引き寄せられ、というふうに、どんどん偏りが大きくなるわけです。一定の場所にどんどん砂が溜まっていって、やがてそこに塔ができていくんですね。

同じような塔が何箇所かでできている可能性がありますよね。そのまま塔が高くなっていくと、蟻たちは別の塔から発する匂いにも引き付けられるから、こんどは、塔が上に伸びると同時に、別の塔のほうにそれぞれ傾いてくる。つまり、塔の上に砂が積まれていくのに合わせて、塔が先端が互いに近づいていくんです。そして最後にそれがくっつくと、アーチができちゃうんですね。そうすると、その上にまたさらに砂が積まれていって、二階だての塔になっていく。そうすると同じことがふたたび起きて、こんどはアーチの上にアーチが重なって、立派なビルディングができてしまう。

ネガティブ・フィードバックの場合だったら、逸脱は修正され元に戻されていたのが、ここでは逆に逸脱がどんどん大きくなる。つまり偏りを否定するのではなくて、むしろ偏りをより大きくするような形で、ポジティブ・

フィードバックしながら、ある一つの構造をつくっていくわけです。ここには「表象としてのプラン」はなく、フェロモンがいわば「触媒」になって、たまたま近くに別の蟻がいたといった偶発的な事柄から、全体の構造ができてしまうんですね。だから、「あくまでも局所的な偶然的条件に依存しながら」という点に関しては、ブルックスの発想とも通じているし、一見たしかに、ぼくたちが「相互行為のなかで」というのと重なるところがあるようにもみえる。でも、違うんです。

■社会学における「ポジティブ・フィードバック」の考え方

西阪　じつは、社会学でもこの「ポジティブ・フィードバック」の考え方は、早い時期に、とくに逸脱研究[*]に取り入れられているんですよ。例えば、ネガティブ・フィードバックの考え方によれば、社会システムは、逸脱（者）を否定するわけです。逸脱者の排除（死刑・収監）という形であれ、矯正という形であれ、ネガティブ・フィードバックをしながら、一つのシス

＊社会学の一分野に「逸脱の社会学」というのがある。「少年非行」や「精神病」は、その得意のトピックである。

テムの構造を維持していく。このような考えに対して、そもそも逸脱者が逸脱者になっていく過程というのが、実はあるんだという主張が出てきた。たとえば、有名なのはマリファナ喫煙家はいかにしてマリファナ喫煙家となっていくのか、という話です。* マリファナをいきなり吸ったって、大体吸えるものじゃないらしい。やったことがないからわからないけれど。あれを吸えるためには、それなりに訓練がいるらしいんです。つまり、マリファナ喫煙家になるためにはキャリアを積まなければいけない。そしてキャリアを積んでいけるかどうかは、まったく偶然的な事情に左右されます。たとえば、売人が近くにいるとか、あるいは、そういうものを紹介してくれる友人がいるとか、そういうさまざまな偶然的な条件に支えられて、立派なマリファナ喫煙家が作り出されていくわけです。これはさっきの逸脱を増幅するポジティブ・フィードバックの例ですよね。偶発的な最初の逸脱が、さまざまな偶然に支えられて、それでおしまいにならずに増幅されていくという話。同種の議論は「少年非行」や「精神病」などについてもやられていて、そこでは「レッテル貼り（ラベリング）」が重要な「触媒」作用を果たすとされてい

＊ハワード・ベッカー（Howard Becker）『アウトサイダーズ』（村上直之訳、新泉社）。ベッカーはアメリカの社会学者。

ます。ある少年が、たまたま喧嘩して友達に怪我をさせてしまった。もしかしたら、それでおしまいで、その少年はいままでどおりの「普通」の少年でいられるかもしれないけれど、いったん「不良」というレッテルが貼られると、周囲は彼の行動をそのレッテルを通して見るようになり、ちょっと買い食いしただけでも「やっぱり不良だから」みたいなふうになってくる。そのうち、本人も「不良」がやるだろうと期待されているような逸脱行動をみずから取るようになり、ますます「レッテル」も強固に張り付いてくる。また同様の「仲間」をひきつけ合うことで、「不良グループ」を作っていったりして、いよいよ「不良らしく」振る舞わなければならなくなる。そんなふうにして立派な非行少年になっていく、みたいな感じです、たとえば。

こういう主張が出てきたのは、社会の秩序と自然の秩序の違いに関係しているように思います。自然の秩序の場合、偏りがあるか、逸脱があるか、といったことは、すべてそれを観察する観察者が決めることですよね。それに対して、社会の場合は、なにが逸脱かというのは、その社会の成員自身が判断することですよね。どうしてマリファナを吸うと逸脱になって、煙草なら別に逸脱じゃなかったりするのか。実際に同じ基準に照らしてでも、一つの行為が逸脱と見なされるときもあれば、見なされないときもあったりしますよね。たとえば、お茶汲みを女性ばかりにやらせるのは、平等の原則に照らして逸脱だと判断される時代と、そんなものは当然だと判断されていた時代があったりするわけですよ。「ラベリング理論*」みたいなのは、だれが「逸脱者」かは人びとの判断に依存している、というこの直感にうまく合っているような感じがするんですね。つまり、そういうふうにレッテルを貼られた者が逸脱者になっていくみたいな。

■ポジティブ・フィードバックの考え方の問題点

西阪　でも、いままでの話からもわかっていただけると思うんですが、ラベリング理論は、そんなんじゃなかったんです。「レッテル貼り」、すなわちラベリングは、あくまでも「触媒」であって、なにが逸脱かは人びとの判断に依存しているという点は、必ずしもきちんと考慮されていない。だから、昔

＊ベッカーの前掲書の第一章が「ラベリング理論（labeling theory）」のマニフェストとみなされている。本書七六頁のシェフ（Thomas I. Scheff）の書物も、ラベリング理論の古典の一つ。

からよくある批判は、一番最初の、初発の逸脱についてなんの説明もないことへの不満ですね。逸脱者は作られていくという点はいい。じゃあ、初発の逸脱は？　あるいはレッテル貼りがなされる以前におきていると想定される逸脱はどうなんの？　それだって、人びとの判断に依存しているはずでしょ、というわけですね。

それからもう一つ。じつは初発の逸脱だけではなく、最終的な産物（「マリファナ喫煙家」「非行少年」「精神病患者」など）についても、同じ問題があります。最終的にあの立派なビルディングができたときに、蟻たちは別にそれがなんであるのかなどという判断をしていなくてもいいですよね。ぼくが、最初設計図に従って家を建てるという話をして、そのあとで蟻塚の話をしたから、この二つが建物を建てるさいの二つの選択肢として聞こえたと思うんですけれど、その最終的産物がいずれも同じ「建物」であるという判断は、だれがどのようにするのか、という問題ですね。あの人もこの人も同じ「精神病患者」であるという同一性の判断が、社会の成員自身の判断としてなければならないはずです。そして、その判断は、成員にとって納得のできる判断、つまり「合理的」な判断でなければならず、つまり、それは組織だった仕方で行われなければならないはずです。だから、そのつど同一性の判断がどのような手続きに従って成員自身によってなされていくか、これをきちんと見ていかなければならない。この点は、「社会の秩序」の根幹にかかわる事柄なんです。これはきっと、「複雑系」の考え方を社会研究に導入するときにも、注意しなければならない点なんだろうと思います。

というふうなわけで、ポジティブ・フィードバックの考え方に従って社会的現象を考え直そうとしたとき、どうしても抜け落ちてしまうような部分が出てきてしまうのではないかという気がするんです。あるいは、そのような部分をあえて切り落とすことで成立してきたのが、ポジティブ・フィードバックの発想だったといえるかもしれません。たしかに、プランに従って制御されるシステムとして社会の秩序を考えようとすると、さまざまな原理的な無理がある。つまり、一方で、あらかじめプランをもってやっているという議論には立ちかえらずに、なおかつ他方で、成員自身による「同一性の判断」という観点をどう議論に組み込んでいくことができるか。そのありうべき道の一つとして、インタラクションという視点があるのではないかと考えるわけです。つまり、そういう判断は、あらかじめプランとしてどこかにあるのではなく、私たちはそのつど自分たちの判断を互いに出し合い調整しながら、意味づけ、達成していく、と考えてみたらどうだろうか、と。ある人が「精神病である」という事実は、私たちが「その人は精神病である」という判断を、そのつどの状況のなかで、その状況に応じた形で、しかも組織だった仕方で協同で成し遂げていくことのうちにある。こんなふうに考えてみようということですね。

■複雑系とエスノメソドロジー、状況論の違い

上野　ボトムアップのシステム論というのは最近流行りのようですね。このボトムアップのシステム論とエスノメソドロジーや状況論は似たようなものだろうと思われていますが、根本的に違っていると思います。その違いが、ここでのポイントの一つにはなるだろうと思います。ボトムアップ、トップ

ダウンとか、ポジティブとかネガティブっていうのは、同じことを裏返して言っているだけで、結局同じ次元のことを言っているにすぎないと思うのですが。

西阪　ポジティブ・フィードバックと言っている人たちも、基本的には、ある社会現象が生起するための必要（十分）条件を確定しようとしているんですよね。たとえば、なにが触媒となって、どのような逸脱増幅のループがあるか、みたいな。実際、『精神病であること』*という有名な本を書いたトマス・シェフは、ポジティブ・フィードバックのループをモデル化している。こんなふうにして精神病ができていくんだみたいな話をしています。ところで、ぼくがラベリング理論の批判を今しているのは、あくまでもその「モデル化」志向についてで、ポジティブ・フィードバックによる説明を試みようとすると、どうしてもその「モデル」から抜け落ちてしまう点についてです。ラベリング理論派の人たちが蓄積しているエスノグラフィックな記述からは、学ぶべきものがたくさんあります。この点は述べておいたほうがいい

*翻訳は『狂気の烙印』（市川孝一・真田孝昭訳、誠信書房）。シェフはアメリカの社会学者。

でしょうね。
いま述べたような「モデル化」が難しいんじゃないか、ということに関しては、さっきのジェフ・クルターの「取り消し可能性」の議論を思い出せばよいと思います。「精神病だ」という判断も、当然「取り消し可能」ですよね。精神科医がそう判断したときですら、やっぱり誤診だったということがまったくおこりえない、などということは考えにくい。このことをどれだけシリアスにとらえていくかというのが、インタラクションという発想につながっていくだろうと思います。あくまでも特定の状況内で「局所的」に成員たちの判断が調整されていくこと、これですよね。要するに「方法としてのインタラクション」です。単にいわゆる「対面的な相互行為」を研究対象とするというのでなくて、インタラクションに視点をおいて議論を立ち上げていこうというわけです。

上野　そうですね。この状況的ロボティクスとか、複雑系とか、そういうのは、状況論的アプローチとかエスノメソドロジーとの対比によって、インタラクションの意味が非常にはっきりしてくる。システム論だってインタラクションということは言いますから。

西阪　インタラクションみたいな話って、ある意味では、もともとシステム論の十八番ですよね。均衡理論もしくは平衡理論では、システムの均衡・平衡というのは、基本的に相互作用ですよね。例えば、太陽の周りを九つの惑星が一定のパターンで回転しているのは、別にレールがあったり、ましてピアノ線で吊るされているからではなくて、太陽およびそれぞれの惑星が互いを引っ張り合いながら、ちょうど釣り合いのとれた状態にある、ということですよね。つまりその「系」（太陽系）の要素と要素がそれぞれ引力をもち、それが相互作用して、一つの均衡状態を達成している。だから、例えば、金星がもし爆発してなくなってしまったら、単に金星がなくなっちゃったというだけではきっと済まない。相互作用する要素の一つがなくなるわけだから、現在の均衡が崩れて、新たな均衡状態にいたるにちがいない。本当のところどうなるか、ぼくは知らないですけれど、一つの例としていえば、例えば、地球は火星に引きつけられ、地表の温度は一挙に下がり、人類は滅亡みたいなことがおこるかもしれない。システム論がやってきたのは、そのような要素の相互作用を分析することだったわけですよね。このような意味でのインタラクション（相互作用）と、ぼくたちのいう相互行為がまったく違うものであることは、いままでの話からも明らかです。

一つには、いま言ったことですけれど、ぼくたちのいう相互行為は、システム論が想定しているような因果的な相互作用とは無縁です。相互行為の参加者たちが自分たちの判断を互いに対して示し合いながら、その相互行為をいっしょに組織していく。これがぼくたちの相互行為のイメージです。

もう一つ。さっき述べましたように、ぼくたちが相互行為と言うときは、なにか一般理論や一般モデルに収まらない事柄を、なんとかすくい取ろうといった、方法的な構えみたいなものをそこに込めている。システム論では、要素と要素の可能な関係をいくつかの式に表わして、そのいわば連立方程式の解として、均衡点をえるというやり方をとります。それは根本的にモデル化志向なわけで、そのかぎりで、同じインタラクションの分析といっても、その構えは正反対ですよね。人間たちが相互行為をしているということにおける、さまざまな偶然的な要因、さまざまな偶然的な条件というものをシリアスに扱っていこうというわけです。

上野　一般論的な相互システム、それがボトムアップであろうがトップダウンであろうが、そういうモデルを立てることはできないだろうということですね。

■実践に埋め込まれた賢さ

西阪　そうです。だから、心もしくは心的現象のモデルを考え、そのモデルを機械の内部構造に実現するという発想は、(工学的にうまくいくかどうかとは別として) 心についての考え方の大いなる歪みのうえに成り立っているということになる。

上野　そう。もちろん機械は内部構造をもっているんですけれども、それはやっぱりあくまで設計者との関係で意味づけられているわけです。あるいは、あくまであるデザインの実践の中で、はじめてあるシステムは知的というふうに言えるのであって、それ自体として知的であるとか、ないとかとは言えないと思います。設計者がロボットの振る舞いを秩序立てて、整理して、理解したり、あるいは人に説明したりするのに使う、リソース、それが心とか知性というものだというわけです。やっぱりロボットを設計する人は、ロボットのある種の振る舞いを望んでいるわけです。プランとは言わなくても、プランがあるかのように振る舞ってほしい。そういうコンテキストのなかで、ロボットの動き、あるいは、環境とのインタラクションを見て、ロボットの設計を変えたりするわけでしょう。だから、そのときに、ロボットの行動を判断しなければいけないわけです。あるいは、ロボットの行動を説明しなければいけない。そういうときに括弧付きの知性というのが、ロボットの動き、環境とのインタラクションを秩序づけて説明するための道具として使われているわけです。

西阪　この点については、大修館書店の米山順一さんがいつかおっしゃっていた例がわかりやすいと思います。鉛筆をきれいに削るロボットがあったとする。これはすごく「賢い」かもしれないんだけれど、こいつがボールペンを手にすると、とたんに「愚か」になってしまう。同じことをしているんだけれども、手に鉛筆を持っているときは「賢く」ても、ボールペンを持つと「愚か」になる。同じものが、そのつどの具体的な状況に応じて「愚か」に見えたり「賢く」見えたりするわけです。つまり、機械の「賢さ」は、その機械あるいは機械の動きが誰によって、誰に対して、何のために用いられているのかということ、すなわちどのような実践に埋め込まれているかに依存しているんです。

上野　人間との関係によって、使う人とか、実験する人との関係でそうなってくる。

西阪　そうですよね。インタラクションとぼくたちが言うのは、もちろん他者とともにあるということで、だから、機械のデザインでも、究極的には真空状態のなかでデザインされているのではなくて、やっぱり誰かに向けてデザインされているはずですよね。つまり、ロボットの性能がどうこうということは、あくまでもデザイナー・研究者たちのインタラクションのなかでのみ意味をもっている。そもそも、ロボットの性能というのは、ロボットの内部構造の特性ではないはずです。たとえば、新しいコンピュータを買って、さすがに性能が上だな、って思うこと、ありますよね。そんなとき、内部構造のことなんかなにも知らないですよ。つまり、性能というのは、機械の内部構造の特性ではなくて、機械の振る舞いの特性なんです。そして、この振る舞いがどうこうと評価されるのは、あくまでも特定のインタラクションのなかでにほかならない、ということ。言いたいのは、このことです。つまり、機械の性能がよいか悪いかということは、機械そのものの問題ではなく（ましてその内部構造の問題ではなく）、その振る舞いに対して誰が誰に向けてどういう意味を与えているかという問題だということなんです。言い換えれば、性能が優れているとか劣っているという判断をしなければいけない状況というのがあるわけで、そういう状況のなかで、やはりこの機械は性能がよい賢いということが、すごくリアルに受け止められるわけです。そういう意味で、ロボットや機械の性能のよさはその時々の相互行為に依存している。そもそも性能の善し悪しの基準は、特定の工学者や研究者のコミュニティのなかで、いわば社会的に与えられるわけですからね。

■「心的作用」か活動か？

西阪　ちなみに、ここには、今日最初から問題になっていた「心の実体化」みたいなことと密接にかかわる論点があると思います。つまり、ロボットの性能をあくまでもロボットの内部構造の特性と考えてしまいがちだ、という点です。ロボットやコンピュータの場合、プログラムは機械の性能の原因であるのと同様に、脳や神経系のさまざまな作用は、人間の心や知性の原因にすぎない。よほど強い心脳同一説の信奉者でないかぎり、このことは、おおむねみんな賛成するんですけれど、それでも、なにか脳の作用と同じ広がりをもったものとして、人間の「心の作用」を考えたくなる。人間の心的・知的な振る舞いとともに、いつも「作用しているなにか」があるように考えたくなるんですね。人間が知的に振る舞うときなんらかの生理学的な作用が随伴していることは否定する必要はないんですけれど、だからといって、それとともになにか「心的作用」があると考える必要もないと思うんです。たとえば、ビールを飲みながら、かつてアルコールなどまったく飲めなかったことを懐かしく思い出しているとき、私たちのうちになにか「心的作用」が起きていると考える必要ないんです。そのとき私がしているのは、懐かしむという活動をしている。それだけです。たしかに、瞼の裏にさまざまなイメージが飛び交っているかもしれないけれど、それは、たとえばなにかを「想起する」こととは、なんら本質的な繋がりはない。ビール瓶のまえでしかめ面をしている自分のイメージが浮かんでいるにしても、そのイメージそのものは、それが「かつてアルコールを飲めなかった」ことのイメージなのか、それとも「瓶ビールではなく生ビールを飲みたがっている」ことのイメージなのか、という区別をつけることはできないですよね。あるいは、さっきの

「取り消し可能性」ということを考えてもよいと思います。本人はかつてはアルコールが苦手だったと思っていたにもかかわらず、じつは付き合いではけっこう飲んでいたことを人から指摘された、などという場合、たとえそのときどんなイメージなり感覚なりをもっていようと、それは「想起」ではなく「想起しているような気がしていた」だけだ、ということになるはずです。つまり、「想起」は、特定の「心的作用」を名指すためのラベルではなくて、むしろ、他人にも接近できるさまざまな諸事情のもとで一定の活動(「懐かしむ」など)を記述するために用いられる述語だと言うべきでしょう。同じことは、「意図」について前にのべました。もちろん、「想起」にしても「意図」にしても、それ自体がなんらかの「活動」であるわけではありません。それは、そもそもなんらかの「活動」「行為」「出来事」「作用」を表わす述語ではないということなんです。

しばしばあるのは、私がそうやって懐かしんでいたとき、それでも、私は「意識」をもっていたはずで、その「意識の作用」がそのときあったはずだ、という言い方です。しかし、こんな言い方は、考えようによってはとても奇妙です。たしかに、私は「意識を失って」はいなかった。だからといって、「意識があった」と言ってよいか。私はべつに病人であったり、急に倒れたりしたわけでもないのに。また、そのとき「ビールのことを意識していた」はずだ、という言い方がなされるときもあります。でもそれが本当なら、私は意識過剰ですよね。私はそのときビールのことを意識なんかしていませんよ。ぼくがこういうようなことを言うと、必ず言われるんです。そんな日常的な用法が問題なんじゃない。「意識」という言葉をいまは術語として用いているんだから、と。でも、その「術語として用いる」というのが曲者なんです。そんな「新たな」用法を作り出すから、ないものがあるように見えてしまい、そのゆえに、それ以降の研究はとんでもない方向に連れて行かれてしまうんです。つまり、もともとすべての心的な振る舞いの背後に共通の「作用」などないのに、なにかその類のものがあるかのように錯覚しているんですね。だから、その共通の「作用」を一挙に表現できるような「新たな」術語が欲しくなるんだと思います。

■相互行為のリソースとしての機械の賢さ

西阪　もう一つ、さっきの話と関連して言っておきたいのは、機械の性能なり賢さなりが、どういうふうに相互行為のリソースになっているか、ということです。これはいままで上野さんが何度も強調されていたことなんですが、よりエスノメソドロジー的な観点にひきつけてみたとき、たとえば、こんなふうに言えるのではと思うことをぼくなりに述べてみたいと思います。ただし、ぼくはエンジニアの世界というのをまったく知らないから、ここでは、とりあえず、もう少しありふれた場面を考えてみようと思うんですが。

いま、コンピュータを初めて買ったときのことを思い出しているんです。そのとき、ぼくはもちろん、なるべく性能のよいものをなるべく安く買いたいと思っていた。しかし、そのとき（いまでもそうですけれど）根本的にコンピュータのことがわかっていない。そこで、コンピュータに詳しい友人に電話をかけて、とにかくアドバイスをもらおうと思ったんですね。でも、電話はかけてみたものの、なにを質問してよいかわからないし、向こうもなにを答えればよいのかわからないんですよ。そのとき、とにかくもう始まってしまったその相互行為は、二つの問題を抱えていたと言えると思います。一つは、質問者と回答者、もしくは相談者と助言者の「普通」のやりとりをどのようにして達成するかという問題。もう一つは、このやりとりを「特定」のやりとりとして、つまり「なるべく性能のよいコンピュータをなるべく安く買う」ことをめぐるやりとりとして、どう組織するかという問題。もちろん、そのときぼくは、どうやって適切なアドバイスを得るかという問題に直面していたことも事実です。しかしこのような、いわば自覚的な問題を解決するためには、まずは、いま述べたような「相互行為の組織化」の問題を解決しなければならない。でないと、そもそも相互行為が成り立たず、けっきょくアドバイスも得られないですよね。

じつは、この友人との電話はたまたま録音してあったんです。二十五分くらいのやりとりなんですけれど、いま言いましたように、とてもひどいやりとりで、ぜんぜん話が嚙み合わないみたいなことがしょっちゅう起きている。それでも、なんとか相互行為を維持しているわけです。それがどうやってできたのか。これが問題なんです。まず第二の問題(「特定」のやりとりとしてどう組織するか)ですが、質問を受けた側(友人)は、その質問を「なるべく性能のよいコンピュータをなるべく安く買う」ことについての質問として扱っていきます。実際には、たとえば「コンピュータを買いたいんだけれどどういうところに気をつければいいか」みたいな質問をぼくがするわけです。とくに「性能」などという言い方をするわけではないんですね。そうすると、例えば「ウィンドウズ95を使いたいなら、メモリは十六メガバイト以上」「CPUは、コンピュータのいわばエンジンみたいなものだから、ペンティアムの百三十三メガヘルツ以上」みたいな言い方で答える。つまり、「どんな」コンピュータなら「どんな性能」をもっているかを説明してくれるわけです。一方、このような言い方では、ぼくは、けっきょくコンピュータの「メカニズム」は依然なにもわからないかもしれない。でも、これを「性能」に関する情報として扱うことはできるんです。最後にぼくは値段を聞く。「高いものはいくらでもあるけれど、そのあたりで一番安いのは十五万くらいでは」という答えがえられれば、とりあえず「メモリ十六メガ、ペンティアム百三十三、PCI空スロット二つ以上で、二十万円弱」と唱えながら、お店に駆け込むことができたわけです。まあひどい話です。「メモリ十六メガ、ペンティアム百三十三、PCI空スロット二つ」はコンピュータの特定の「構造的特性」を表わしているはずですが、ぼくは、それが何なのか皆目わからない。だからといって、自分が欲しいコンピュータの性能をどう記述していいかもわからない。「ビデオ・データの転写が簡単になる」「録音された発話の重なり部分や沈黙部分の確定が簡単になる」というように、とにかく思いついたことを言う。それでも「メモリ十六メガ、ペンティアム百三十三、PCI空スロット二つ」という構造記述を、いわば一定の「性能」を代表する記号として扱うことができ、さしあたり、「コンピュータを買う」という実際上の目的にとって、十分有用な記号として用いることができたんですね。とりあえず、こんなふうにして、第二の問題は解決されたというわけです。

もちろん、ある意味では、第二の問題の解決は、すでに、第一の問題

（「普通」のやりとりとしてどう組織するか）の解決でもあります。けれど、当面の相互行為の「正常化」（「普通化」）という観点から、相互行為の組織化を記述することもできます。そのやりとりが「普通」の「正常」なやりとりでありうるのは、それが「特定」の事柄にフォーカスすることを通してにほかならないわけですが、実際には、何度も言っていますように、その「特定」のやりとりにとってとんちんかんな質問がしょっちゅう飛び出すんです。ぼくは、いきなり値段を聞いたりするわけです。すると、向こうは当然、すぐに答えを返せない。その一瞬の沈黙にすでに「状況定義」のずれを見て取れるから、ぼくはすぐに「言い訳」をする。「とにかくぼく、コンピュータのことなんにもわかっていないんです」みたいな。そうすることで、自分の質問を「不適切」なものとして、「正常」なやりとりの圏外に括り出し、そうして、「普通」の「正常」なやりとりの境界をきちんと維持していくことができるわけです。このとき、その言い訳の組み立て方に注意するべきです。つまり、最初の質問は無効にされるわけですが、相手は、その質問の「不適切さ」自体を、「なるべく性能のよいコンピュータをなるべく安く買う」ためのアドバイスのための参考資料として参照できる。言い訳はそういうふうにデザインされているんですね。つまり、相互行為の「正常化」も、結局このやりとりが「コンピュータの性能」をめぐるやりとりであるということと無関係ではありえないんです。

この電話では、とにかく「性能」などという言葉は一度として出てこなかったけれど、にもかかわらず「なるべく性能のよいコンピュータをなるべく安く買う」ということがこの相互行為の「枠」になっていた。これが重要です。ぼくも彼も「なるべく性能のよいコンピュータをなるべく安く買う」という枠を用いて、自分の発言を組み立て、相手の発言を理解するということをしていた。いわばこのようにして、直接その言葉を用いなくても、「性能」について語り合いながら相互行為を組織していたんだと思います。このようにして、「コンピュータの性能」を語ること、あるいは、「詳しくはわからないけれど確かにあるはずの性能なるもの」を参照し指し示すことが、相互行為の組織化のためのリソースになっているわけですね。ここでも、「ドキュメント的方法」が用いられています。つまり、一方で、「コンピュータの性能（あるいはコスト・パフォーマンスというべきか）」をめぐるやりとりという「枠」に従って個々の発話が産出され理解され、他方で、個々の発話がそのように産出され理解されることをとおして、「コンピュータの性能」という「枠」が支えられるというわけです。

以上の記述は、非常に簡単な例なんですが、多かれ少なかれ、エンジニアたちも、機械の「性能」を語ることをとおして、自分たちの相互行為なり、あるいは工学的な活動・実践なりを組織していくのではないかと思うわけです。そういう意味で、機械の「性能」なり「賢さ」なりが、相互行為を組織していくためのリソースとなっている、と言えるはずです。逆に言えば、機械の「性能」や「賢さ」は、特定の具体的な活動なり実践なりのなかで、たとえば、コンピュータをどう購入すればよいか相談するという活動や、実際にコンピュータを組み立てたり配置したりするという活動のなかで、語られ参照されることをとおしてリアルなものとなることができるんですね。

〈3〉社会現象としてのプラン

■認知科学におけるプラン・モデル

上野　これまでは、主にロボットとかAIの知性といった話でしたけれども、これ以降は、人間の〝知識表象〟について話してみたいと思います。人間の表象といったことを根本的に問い直したものとして、やはり、サッチマンの『プランと状況的行為』をまず第一にあげなければならないでしょう。サッチマンが問い直したのは、あくまでプランに関してだけなんですが、彼女の議論は知識表象一般の再吟味につながると思います。

サッチマンの議論に行く前に、まず、認知科学におけるプラン・モデルとはどのようなものであったか振り返ってみることにしましょう。プラン・モデルは、まず、一九六〇年にG・A・ミラーら*の本によって組織だった形で提唱されたものですが、このモデルの性格は、以下の引用によくあらわれていると思います。

「プランは一連の操作を実行する順序をコントロールする生活体内の階層構造過程である」「生活体にとってプランは、コンピュータに対するプログラムと本質的に同じである。」（邦訳一八－一九頁）

当時コンピュータがポピュラーになりはじめた頃で、コンピュータ・メタファーを用いています。さらに、以下のようなことも言っています。

* Miller, G., Galanter, E., & Pribram, K. 1960. *Plans and the Sturcture of behavior.* New York, NY: Holt. 一九八〇『プランと行動の構造』（十島雍蔵・佐久間章・黒田輝彦・江頭幸晴訳、誠信書房、邦訳一八－一九頁）より。

「動物が遂行している一連の操作が、ある特定のプランによって実際に制御されていると、動物はそのプランを実行しているという。」（邦訳一八頁）

行為や操作の実行をコントロールするプログラムとしてのプランは、具体的には、図6のように記述できるものだそうです。すなわち、プランは、目標とそれを達成する手段、つまり、目標–手段関係によって表現され、さらに、手段は、より下位の目標とも言える。つまり、プランは目標の中に目標というような再帰構造的な入れ子で記述できますよというわけです。

この図6で「明日を有効に過ごす」という目標があった場合、具体的に見ていくと、その目標に即した手段として、例えば、「部屋を掃除する」といったことをあげることができます。さらに、その部屋を掃除するためには、まず「部屋を整理」しなくてはいけない、「窓を開け」なくてはいけないというように、次から次へとサブゴール、あ

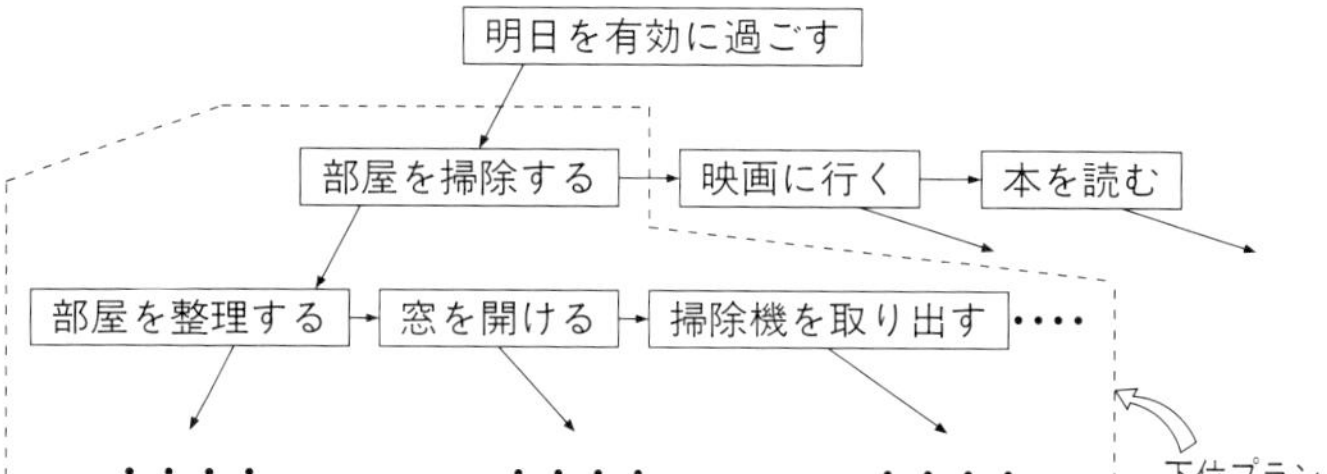

図6 「明日を有効に過ごす」ためのプラン
安西祐一郎『問題解決の心理学』（中公新書）168-189頁より。

るいはその手段を生みだしていくというわけです。つまり、戦略が戦術を生成するとか、そういう類いの議論ですよね。

■状況的行為

上野　このプランモデルに対して、ひとつ批判があります。つまり、これは、日常的な行為に照らしてみると、非現実的な部分を含んでいるのではないかというんです。例えば、これから新宿へ行って、伊勢丹で買い物をしなければいけないとき、私たちは、ミラーが言うような詳細なプランを構成して、それに基づいて移動するというようなことをしているでしょうか。

まずバス停へ行って、二一〇円払ってとか、財布から取り出してとか、そんな詳細なプランなんか、だれも立てないでしょう。目黒駅で一六〇円出して、一番近い自動販売機で切符を買うとか、そういうようなことは予め考えないと思うんです。むしろこのような行為の詳細は、その都度、駅へ言ったら、一番近そうな空いているところを見つけて買うというように、状況に応じて決定される。サッチマンの例がありますけれど、カヌーを出して操る例を出して、川で急流を下る場合に、あの辺に行こうかなと思うかもしれないけれども、そういうプランも、一旦カヌーを操る段になると、飛んでしまう。目前の状況に応じて動いている、というようなことを言っているわけです。

■認知科学における状況的行為の解釈

上野　しかし、認知心理学が、行為の状況性に気づかなかったというと、それは言い過ぎかも知れません。例えば、ヘイズ－ロスとヘイズ－ロス*のプランニングの実験なんかがあります。彼らは、ある仮想的につくられた街で買い物とか用事をするという場合にプランを立てる、というようなプランニング課題を解かせるという実験をやっているんですけれども、人々の行う判断は単純なトップダウンの階層構造にはのらない、むしろ、かなりの部分は臨機応変というか、その都度の判断に依存しているんじゃないか、というよう

*ヘイズ－ロスとヘイズ－ロス。Hayes-Roth, B., & Hayes-Roth, F. 1979. A cognitive model of planning. *Cognitive Science*. Vol. 3. 275-310.

なことを言っているわけです。

安西さんも、大型船舶の操縦をシミュレートしたゲームにおける熟練化に関する研究で同じようなことを言われています。この研究で、熟練者と素人がどう違うかみたいな研究をやっているんですけれども、その中で、いわゆる局所的なプランということについても言及しています。安西さんによれば、素人というのは大局的なプランをもてないといいます。例えば、大型船舶を操船する場合、慣性が大きいので、直ちに進路を変えることはできません。従って、障害物とか、別の船舶を避けるためには、非常に遠くから、実際に遭遇するかなり前から進路を決定しなければならないんです。しかし、素人はなかなかそれができないというんです。でもベテランパイロットの場合、全体の航路についての粗いプランを立て、かつ刻々と変わるその場の状況に応じて臨機応変に局所的なプランを立てることができるというんです。大局的プランと局所的プランという二重プラン説ですね。このように、認知心理学も状況的な行為と言われることを全く無視しているわけではありません。

■プランは、手段を生成するプロ＝グラムか

上野　では、プラン・モデルのどこに問題があったのかということですけれども、いわゆる状況に応じて臨機応変にプランを立てるというような局所的なプランといったことを補ったとしても、大きな問題が残されているように思います。具体的に言いますと、「ある目的とか目標、意図といったものは、さまざまなやり方で達成されうるし、また、行為は意図された効果からポストホック（事後的に）説明される一方で、行為のコースはその行為者の意図についての知識から予測することはできない」という問題があるというわけです。

例えば、先ほど図6の「明日を有効に過ごす」という例を見て下さい。この場合、「明日を有効に過ごす」ということは、多様な意味があって、これ自体からは何も生成できないということです。つまり、「寝て暮らし」てもいいし、ある意味では時間を無駄に過ごすということでも、明日を有効に過

ごすというなかに入れられるかもしれないということです。だから、「明日を有効に過ごす」ということの意味は非常に曖昧なわけです。このように、目的とか意図といったものは、特定の手段とか、下位目標を生成できるどころか、実際には、大変漠然としたものです。

図6の階層構造の場合、「明日を有効に過ごす」ことの意味は、実は、「明日を有効に過ごす」ということだけで理解可能になっているわけではなく、例えば、「部屋を掃除する」ということと並置されて、ようやく両方の意味がある程度わかってくるということになっていると思います。つまり、「明日を有効に過ごす」というのは、コンテキストに応じて、いろんな意味があり得るわけです。あるいは、逆に、「部屋を掃除する」ということも、いろんなコンテキストで語られるし、いろんな意味があるわけです。ところが、この両者が並置されて、ようやく両方の意味がある程度分かってくる。このようにして、少なくとも、図6に示されているコンテキストにおける「明日を有効に過ごす」という意味の中には、多分、「寝てすごす」というようなことは入らないだろうということがわかってくるわけです。

さらに、「部屋を掃除する」と言ったって、具体的に何をするのかということになるといろんな意味があり得るわけでしょうけれども、「部屋を整理する」とか、そういうことが書いてあることで、また、ある程度意味が分かってくる。だから、このプランの階層構造モデルというのは、全体として一種のテキストみたいなものだ、というふうに見ることもできます。

そして、もちろん、テキストだけ、あるいは、テキスト中のサブゴールの「部屋を整理する」というだけでは、実際には何をどうするかということは生成できないことも見落とすことはできません。具体的に何をどうするかは、部屋の状態がどうなっているかとかいうように、やはり、そのときの目前の状態を見るしかないわけです。

要するに、こうしたことから「あらかじめ詳細に述べられた目的、意図によって、ある行為が生成され、実行される」というよりは、むしろ意図の詳細、具体性は、行為の達成によって明示されるのである」というように言うことが可能だと思います。ガーフィンケルによれば、「ある状態が目的とされている状態だと特定されるのは、その状態に出会った後である」*ということ

* Garfinkel, H. 1967 *Studies in Ethnomethodology*. Engelewood Cliff, NJ: Prentice-Hall の九八頁参照。

とになりますが、やってみて、「なるほど、これが目的だったんだ」とはっきり言うことができるというわけです。このように、リソースとしてのプランと行為の関係は、相互構成的ではないかというわけです。

このように見ると、プランの位置づけを根本的に変える必要が出てきます。大局的プランに局所的プランをプラスすればよいというようなことではないということになります。

■プランの位置づけの再考

上野　要するに、単に人の認知や行為は、状況的か計画的かということではない。プランとは、行為を支配、コントロールする内的なプラグラムのようなものではなく、むしろ、一連の行為や事象を秩序立てて相互に理解可能なものにするリソースであると言うべきであろうということになります。

ガーフィンケルとサックス*も、この種のことを言っています。彼らの有名なフレーズをパラフレーズすると、「プランによる事象や行為の記述は、そ

* H. Garfinkel and H. Sacks, 'On formal structures of practical

れが記述する事象や行為の構成要素になるかもしれないという点で、終わることなく、また不可避的に、この事象や行為を洗練したり、かつ、この事象や行為によって洗練される」というような言い方ができると思います。つまり、プランによる行為や事象の記述は、それが記述しようとするリアリティーの一部になる。そういう意味でプランは、フィクションであるわけではない、というようなことでしょうね。

そしてプランを用いる行為と、そういったプランを用いない行為は、一方が内省的、一方が状況的といったような次元で異なっているわけではありません。つまり、一方で、プランを用いる「内省的」行為があり、他方でプランを用いない「状況的」行為があるわけではないんです、よく誤解されますが。重要なのは、プランが用いられるとき、それは必ず「状況的」に用いられるという点です。だから、大局的プランも局所的プランも、いずれも、状況的に用いられるリソースという点で、本質的な違いはないんじゃないでしょうか。逆に、こうした二分法、戦略・戦術とか、大局・局所という二分法もまた、行為をコントロールするプログラムのような心理学的実体である

actions' (J. Mckinney and E. Tyryakian (eds.), *Theoretical Sociology: Perspectives and Developments* [Appleton Century Crofts]). ハーヴィ・サックス（Harvey Sacks）はアメリカの社会学者。一九三五年生まれ、一九七五年没。ガーフィンケルの影響を受けながら、シェグロフ（Emanuel A. Schegloff）やジェファソン（Gail Jefferson）らと「会話分析（conversation analysis）」を確立する。

というよりは、一連の行為や事象を秩序立て、相互に理解できることを可能するリソースなんじゃないかということですね。つまり、いわゆる戦略・戦術とか、大局・局所という形で行為や事象を記述することは、さまざまな事象や行為を秩序あるものし、理解可能にする、そういうリソースの一種でしょう。

■相互行為に埋め込まれたプラン

上野　だから、逆に私たちの行為はプランも、また意図もなく、ただ「無意識に」行われているんだ、ということでもない。それこそエスメドソロジーの言い方で、無秩序も秩序の一種というか、秩序ということがあるから、逆に無秩序というのも見えるんだという言い方がありますけれども、それと同じで、無意識にやったと言えるのは、一方でプランという秩序で行為を整理するというか、秩序立てるというリソースがあるからではないでしょうか。そういったものとの対比で、〝無意識にやった〟こともまた見えるわけです。

それから意図ということも、それ自体で意図を表現しているというよりは、それに実際に具体的になにかをやるとか語るとか、実際になにかをやるということと並置されて、意図が表現しようとすることが初めて相互構成的に明らかになっていくということじゃないですか。なにか意図を言ったら、何をするか決まるというものではない。

西阪　意図にしても、プランにしても、相互行為を行ううえでのリソースとして考えるべきだというのは、そのとおりだと思います。つまり、ここで批判されている考え方は、意図やプランが行為を制限・拘束するという考え方、すなわち、意図やプランがまず立てられれば、それに従って行為が自ずと行われてくるみたいな考え方ですよね。

上野　確かに計画を最初に立てるということもあります。いろいろ机上の計画を立ててみます。でも、実際にやってみてはじめて机上の計画の意味が特定されてくる、ということですね。机上の計画でものごとが動いているというよりは、実際の行為をやるなかで机上の計画の意味が特定されてくるというか。

逆に、計画といったもので、その都度、あるいは、後付けで事象とか行為を秩序立てて、理解可能なものにするということもあると思います。

西阪　人間の行為はすべてプランにもとづくものではない、という点も重要だと思います。これは、前に「意図」について話したことと同じなんですが、プランにもとづく行為なんていうのは、人間の行為のごく一部にすぎない。

前にも言いましたが、意図の場合だったら、たとえば、なにか「危ないこと」をやったりしたときに、意図があったとかと言うわけです。前の例では、上野さんがお茶をぼくのズボンにバッとこぼした、みたいな。そのとき、「上野さん、意図的にこぼした」というようなことを言うと、それはその状況のなかで非難していることになるし、あるいは、自分がなにか「危ないこと」をしたとき、たとえば、上野さんがちょっと立ったときに椅子のうえに画鋲をおいたら、そのうえに上野さんがすわっちゃった、なんていうときに、「上野さんが帰ってくるまでに、このポスターを貼ってしまおうという意図（つもり）だったんだ」と言えば、言い訳をしていることになる。「プラン」も同じだと思うんですけれど、たとえば、ある特定の状況のなかで計画表と行為を照らしあわせる作業をするならば、それは、その状況のなかで特定の活動をしていることになるはずですよね。

だから、「意図」とか「計画」を私たちが日常の生活のなかで参照し言及することは、それ自体、私たちの日常の生活のなかで一つの行為なり活動なりを構成する。つまり、日常の生活を具体的に進めていくうえでの、いわば「指し手」となっている。そういうふうにして、「意図」や「計画」は、私たちが自分たちの生活を一つの有意味な秩序として組織していくための道具立てになっているんじゃないか、と。

上野　こういうことですか。要するに、いつでも人はプランとか意図で行為や事象を秩序立てているとは限らない。プランとか、計画的だとかいうことが、ある特殊な活動を組織化しているなかに埋め込まれているし、その活動を組織化するリソースになっているということですね。

西阪　そうですね。たぶん問題は二つあって、一つは、計画にもとづいて行為がおこなわれるということが意味をもつのは、ごく限られた場合だということ。その限られた場合があたかもすべての場合を代表しているかのように考えると、行為はすべてそれに先立つ計画にもとづく、ということになり、さっき上野さんが示された「計画表」みたいなものが、いつも行為者の頭のなかにあるかのような錯覚にとらわれてしまう。もう一つの問題は、一般的に言ってなにか説明ができると安心するというところがありますよね。たとえば、意図とか動機は、なにか「危ない」「怪しい」ことがおこなわれたとき、それを意味の秩序のなかに取り込むための道具になっている。私たちは日常生活のなかで、いろいろな機会に意図や動機による説明をおこなっています。これは、私たちが実際にやっていることだからいいんですけれど（むしろ、いいも悪いもないんですけれど）、科学者は、どういうわけか自分の目の前にある、ありとあらゆるものに説明を与えたくなるんですね。そうでないとなにか落着かないんですよ。やはり、すべての現象を一定の意味の秩序におさめることで、安心したいんですね、たぶん。

しかも、さらにもう一つの問題ですが、そのつどの状況のなかで説明を試みている日常生活者とちがって、科学者は、すべての現象を一挙に説明したくなるんです。だから、そのために意図や動機やあるいは計画がもちだされるとき、それはいわば擬似因果的に行為を拘束する「なにものか」のように考えられてしまう。私たちが日ごろ用いる計画表は、ホワイトボードのうえに日時とやるべきことだけをなぐり書いたようなもので十分だったりするんですが、しかし、行為を（擬似因果的に）引き起こすものは、そんな「すかすかの」記号群ではなく、もっと「濃密な」なにかでなければならないわけですね。こうして、人間の行為を制限・拘束するような、なにかミステリアスなものが「頭のなか」に仮設されるということなんじゃないか、と疑うわけですよ。

それに対して、ぼくたちは、プランあるいは意図を、あくまでも具体的な状況のなかにあるがままに捉えていきたい、と思うんです。

■特殊な実践に埋め込まれたプラン

上野　だから、すべての実践でプランというものを作ったり、使っているわけではなくて、むしろプランを使ったり、意図を表明したりするのは、ある特殊な実践を組織化するということに非常に強く結びついているということだと思うんですけれども。これは、サッチマンの『プランと状況的行為』の中では議論されていないと思うんですが、プランの問題を議論したり、実際に分析するにあたっては重要なテーマだと思います。例えば、計画立案をする実践というのはどういう類の実践で、その計画がどのように用いられているかということです。

それは、例えば、官僚組織や会社組織における実践などでは、事業計画が、ある種の公共的な道具として用意されていて、こうした組織の中での人々の動きを可視的にしたり、あるいは、人を評価したりということが行われるわけです。このように、プラン・計画というものが、非常に露骨に出てくる実践というものがあり得るわけです。そして、そういう実践では、プランはどのように使われているかという問題があり得ると思います。それは、例えば、後にサッチマンたちが行った研究、空港のオペレーション・ルームにおける飛行機のスケジュール表がどういう道具として、どういう使われ方がされているのかを示した研究によってある程度示されていますが。

一方、スケジュール表とか計画とかいったものに関する認知心理学的な道具論は、非常に狭いところがあって、そういったものに対して、どういうアプローチが可能かということも、またもう一つの問題提起になると思います。ノーマンは『誰のためのデザイン』*という本の中でコンピュータ上で使う理想のスケジューラについて書いています。そこで、ノーマン自身は、例えば、コンピュータを使っている意識はなく使えるものが理想だというように、インターフェースの問題とか、使いやすさの問題として議論しています。

ところが、彼が挙げている具体例というのは、例えば、学会で発表してく

＊Norman, D. 1988 *The psychology of everyday things.* New York: Basic Books.（一九九〇『誰のためのデザイン』（野島久雄訳、新曜社 邦訳二〇四―二〇六頁より。）

れ、講演してくれという依頼があったときに、奥さんの誕生日とダブっている、あるいは大学の教授会なんかとダブっている可能性はないか、講義をどうするとか、そういうことを考えながら判断するとか、調整するとか、そういうものです。しかし、そうなると、話は、スケジューラが直接的に操作できて使いやすいとか、見やすいとかそういうレベルの話ではなくなってしまいます。例えば、スケジューラは、自分はどういうコミュニティに属していて、それぞれとどういう関係を持っているか、それぞれの関係がどのようなものかと言ったことをその都度、可視的にする、そういう道具の一つになっている。

西阪　なるほど。そういう手帳を作ることによって、自分自身の生活状況をある一つの意味の秩序のなかにまとめあげる、というわけですね。

上野　そういう道具になっているということもあるし、逆に計画というのは、ある意味で、社会的に自分がなにをやっているかということを、アカウントする道具だという場合もあると思います。例えば、海外へ調査で行くという場合に、いろいろオフィシャルな旅行計画というのを書かなくてはいけないんです。つまり、そのオフィシャルな旅行計画書によって、自分というのは、ちゃんとみんなに監視されて、印鑑が押してあって、公的な機関の許可、依頼によって動いてますよということを説明（アカウント）しているというわけです。それを携えていると、いろんなところに動きやすいということがあるわけですけれども、そうなると、計画というのは、自分の行動を官僚組織のなかで説明（アカウント）する道具になっている、ということですよね。このように、いろんな具体的な問題が出てくると思います。

西阪　いわばプランを等身大で扱おうというわけですね。たしかに、しばしば計画は、行為に先立っていますよね。実際に計画書を作るほうが、調査旅行へ行くよりは先なわけです、明らかに。でも、だからといって、行為に先立って必ずそういう計画が（頭のなかに？）まずあって、それを実行に移すというふうに考えてしまったときには、私たちが実際に計画というものをどういうふうに用いていくのかという、その計画の用い方が見えにくくなってしまうということが一つ。つまり、計画にもとづく行為がすべての行為のモデルとみなされ、計画は、あたかも行為を引き起こす一種の「原因」であるかのように仕立て上げられてしまう。また、いま述べたことなんですが、逆に、計画の過小評価みたいなものもあるわけです。例えば、私たちの計画表なんていうのは、たいてい、ホワイトボードにこんな感じで書いてある程度のものです。

□月×日朝	掃除	
	太郎	便所
	花子	風呂場
1:00	新宿蠍座で映画	

もし、どうして午前中、太郎は便所掃除をやって花子は風呂場の掃除をやったのか、と聞かれれば、このホワイトボードを指して、こう計画を立てたからだ、と答えることができますよね。ホワイトボードのこの計画表が、二人の行動の説明になるんですよ、普通ならね。ところが、あらためて考えてみるとき、あんな「すかすか」の記号群が行為の説明になるはずがない、という気がしてくる。そんな説明では満足できない。もっと「もっともらしい」説明は

ないか、っていうわけですよ。あの計画表が作られたときどんな「意図」があったのか。それがどのように心に、あるいは神経系に「記憶」され、特定の時点でどのように彼らの行動を「突き動かした」のか。こんなふうに怪しげな「意図」だとか「記憶」が持ち出され、ふたたび擬似因果的な説明がなされてしまう。でも、実際に具体的な計画がどのように用いられ、どのようにして私たちの生活を意味の秩序のうちに纏め上げているか、という「等身大」の計画の用いられ方が、一つの探究するべき現象としてあるはずですよ。

上野　そうですね。だから、道具としてのプランの研究というのは、逆に豊かにあり得るはずだけれど、プラン・モデルだとそれが見えなくなってしまうということですね。

西阪　そうです。私たちは、日常の生活のなかで、「意図」だとか「計画」を行為の説明として用いることで、そのつどの状況に応じた意味の秩序を作り出しているわけですよ。しかも、そのとき必ず、なんらかの価値評価を下している。上野さんはお茶を「意図にもとづいて」こぼした、と言えば、「非難」の意味が含まれるし、太郎と花子は「計画にもとづいて」休日を過ごした、と言えば、「賞賛」の意味が含まれたりしますよね。「意図」とか「計画」による説明とは、いわば、規範的な意味合いのある意味秩序を作り出すことなんですよ。一方、分析者の課題は、このような生活者（社会の成員）たちの説明に代えて、自分たちの説明を提出することではないはずです。もし分析者が自分の説明を提出して、「この説明こそほんとうの説明だ」などと言い出すならば、結局自分で新たな「規範的な意味秩序」を作り出すことにしかならない。そうではなくて、分析者は、あくまでも、生活者たちが実際にさまざまな説明を用いてどのように意味秩序を作り出しているのか、を見ていかなければならないはずです。少なくとも、エスノメソドロジーは、そのような生活者たちの意味創出の「方法」を見ていこうというところから、出発しています。

上野　ここでは時間がありませんが、以上のようなことは、実は、もう一つセクションが必要な話です。要するに、プランというのはリソースですよと、そこまではいいとして、しかし、一般的なリソースではなくて、あくまである特殊なインタラクションとか実践を組織化することに埋め込まれているリソースですよという議論や具体的な研究が可能だと思います。

■プランとは何であったか

上野　ここまでのまとめに入りたいと思います。要するに、プランとは、後づけで、あるいはその場で、行為を秩序立てたり、説明する、あるいは観察可能にするリソースだということです。そして、プランを用いる行為も、あくまでそういう道具を使った状況的実践に他ならないと思います。こういう形でプランを位置づけ直す必要があるのではないかということです。

■テキストとしてのプラン

西阪　さきほど、上野さんが「テキストとしてのプラン」とおっしゃっていました。これを手がかりに、いままでの議論を、ぼくなりにまとめてみたいと思います。プランというものが、文字どおり「プロ＝グラム」として、つまり、頭のどこかに「あらかじめ書かれたもの」としてあって、ついで、それにもとづいて行為がなされる、というように考えてはいけない。実際、日ごろ用いるプランは、そんなものでは全然ない。

上野　だから、目的とか意図とかということを言っても、それ自体は、なにも生み出さないというか、多様すぎて、曖昧すぎて、むしろなにか実際に行為があるとか、実際になにか掃除をするとかいうことを並置することで、有効に過ごすという意味が逆につくられ得るというわけです。

西阪　はい。そういうお話でした。上野さんが、状況を組織するための「リソース」としてプランを用いるというような言い方を、ずっとされていたわけですけれど、もう少し話を具体的にしておきたいと思います。さっきぼくが書いた「ホワイトボードの計画表」は、それこそ「テキストとしてのプラン」ですよね。表象と言ってもいい。太郎と花子はこの「プラン」に従って行動するわけですけれど、この「テキストとしてのプラン」は、いかなる意味においても、太郎と花子の行動を「引き起こす」ものではないですよね。むしろ、彼らが実際にその日に行動するための道具として用いられるわけです。たとえば、便所の掃除が終わったあと、太郎は「太郎　便所」と書かれているところに×をつける。そうしておけばあとは出かけるまでテレビの前に安心してどかっと座っていられる、みたいな。あるいは、太郎が風呂場を覗いたら、全然掃除をした様子がないのに、花子はどこにいるか見当たらない、なんていうときに、太郎は「花子　風呂場」の下に赤線をギッ

□月×日朝		掃除
		~~太郎　便所~~
		花子　風呂場
	1:00	新宿蠍座で映画

と引いて、花子の注意を促すこともできますよね。またこのテキストが参照されるかぎり、太郎が便所に水を撒きはじめても、水遊びを始めたと思われずにすむし、もし実際に水浸しにしてしまっても、「そんなところに水を撒いて！」といって怒られることはなく、むしろ、失敗を同情されるかもしれない。つまり、太郎がなにをしているのかは、このテキストにもとづいて理解されるわけです。

一方、この「テキスト」は、まさしくこのように用いられるからこそ、つまりこのようなコンテキストに置かれているからこそ、それは「プラン」を表わすことができる、とも言えるはずですよね。そのテキストが「プラン」として用いられるから、たとえば「太郎　便所」という記号は、「太郎は便所を掃除する係である」と読めるわけで、それが別のコンテキストだったら、太郎が用足しをすることになるかもしれませんよ。また太郎の×印や赤い下線も、それが「プラン」の上に書き込まれているから、「もうやった」「はやくやれ」といった意味をもつことができるわけですよね。

あるいはさらに、ただ空間的に並べられた記号が、一方では「階層構造」

として（つまり「太郎 便所」と「花子 風呂場」は「掃除」の下層にあるものとして、しかもこの二つは同じ層にあるものとして）、他方では「時間的前後」として（つまり「掃除」の後に「映画」に行くと）読めるのも、このテキストがプランとして参照され使用されるからですよね。

「テキストとしてのプラン」という話は、いまみたいにホワイトボードに書かれたものだとわかりやすいんですけれど、じつは、「頭のなかで」プランを立てる場合も同じなんですね。「こうしてこうしよう」みたいなプランを、紙に書くこともなく、ただ思うだけのこともありますよね。べつにこのことを否定する必要は、まったくないんです。ただそのときも、いろんなイメージなどが思い浮かぶわけですが、それも、やはり一つの「テキスト」として用いられるんだ、ということではないでしょうか。思われただけのプランは、書かれたプランと違って、なにか特別な仕方で私の行動を指導する、誘導するなどと考えてはいけないということ。これが上野さんが「テキスト」ということで示唆されていることではないかと思うんですけれど。

上野　プランを「読む」とき、文章を読むというときと、同じようなことをやっているかもしれないということを言いたかったんです。さっきの安西さんの図（九八頁の図六）は、ちょっと見ると、いかにも階層構造だなと思うんですけれども、実際に階層構造として読んでいるわけではなくて、すでに言ったように、階層構造の上にいったり、下にいったりして読んでいる。それで「有効に過ごす」という意味が分かってくるというような流れで読んでいると思うんですけれども、実際はね。

■行為にはいつもプランが先立つとはかぎらない

西阪　いままで出てきた議論を、詰めておきたいんですが、一つは、行為に先立って必ずプランが立てられなければならず、行為とはその実行にほかならない、という考え方に対する批判です。さっきのサッチマンの有名なカヌーの例なんか、ある意味でとてもわかりやすいと思うんですけれど、それでも、プラン（もしくはプログラム）が必ず行為に先立っていなければならないと考える人たちは、そういう例をいくつ出しても納得しないんですよ。たとえば漕ぎ手がちょっとした波の具合にあわせてバランスをとるなんていうときでも、もしそれが単なる「反射」でないかぎり、そのオールさばきの一瞬前になんらかのプランがあったはずだ、っていうんですね。こう言い張る人には、例で説得するのは難しい。それに対しては、そんなふうに「プラン」という概念を用いることがナンセンスであることを示さなければならないですよね。

すでにギルバート・ライルが『心の概念』*の第二章で、このような「プラン」モデルの批判をしています。つまり、人間が「知的」に行為するものである以上、必ずその行為は、それに先立つプランに従うものでなければならない、という考え方に対する批判です。ライルの議論は、おおむね次のようなものです。もし行為が「知的」であるためにはその行為がプランに従うものでなければならないというのであれば、そのプラン自体も「知的」でなければならない。もしそのプランがデタラメのものであるならば、そんなプランに従った行為も支離滅裂にならざるをえないですよね。さてそれじゃ、そ

*ギルバート・ライル(Gilbert Ryle)『心の概念』(坂本百大他訳、みすず書房)。ライルはイギリスの言語派哲学者。

のプランが「知的」であるとはどういうことか。「プラン」モデルに従うかぎり、そのプランが「知的」であるためには、そのプランも、それに先立つプランに従って立てられなければならないはずだ、と言うんですね。そうなると、ここから帰結することの不条理は明らかです。行為が「知的」であるためには、それに先立つ「知的」なプランが必要で、さらにそのプランは、それに先立つ第二の「知的」なプランが必要で、……と無限に背進してしまう。つまり、「知的」に行為しようとすると、無限のプランが必要になり、結局いつまでたっても「知的」な行為はおこなわれないことになってしまうわけです。もちろん、これは背理です。ここから、だから「知的」な行為は不可能である、などという結論を出してはいけないわけで、むしろ、前提が間違っていたと言わなければならない。つまり、私たちは（「知的」な）行為をおこなうとき、いつも、まずプランを立て、ついでそれを実行するというような、二つのことをやっているわけではない、と。

このように、行為に先立って必ずプランが立てられているという考え方は、維持できない。しかしだからといって、私たちがおりにふれプランを立てるというのも事実であるわけで、そのことまで否定してはいけないという話ですよね。むしろ、この「プランを立てる」ということを、一つの現象として分析の俎上にのせていくやり方があるはずだ、ということだったと思いますが。

上野　そうですね。

■規則は行為を制限・拘束するのか

西阪　もう一つは、プランなり意図なりによって行為は擬似因果的に決定されるという考え方に対する批判です。計画にもとづく行為を、すべての行為のモデルにして、計画による、行為の擬似因果論的説明をしようとすると、じつは、人間の行為は、逆に説明できなくなってしまう。このことをはっきりした形で示したのは、ソール・クリプキの『ウィトゲンシュタインのパラドックス』*という本です。これは「規則」の話ですが、「プラン」モデルの

*ソール・クリプキ(Saul A. Kripke)『ウィトゲンシュタインのパラドックス』(黒崎宏訳、産業図書)。クリプキはアメリカの論理学者・哲学者。

想定する「計画」についても、同じ議論が成立するように思えます。ただし、たしかにクリプキの書物は、とにかくヴィトゲンシュタインの一つの解釈を、非常に極端な形でスパッと言い切ったという感じで、ぼくにとっては、とても刺激的で、学ぶところも多かったんですけれど、基本的なところで、やはり間違っていると思っています。その点も触れながら、プランの研究の一つの方向を示唆してみたいと思います。

クリプキは、ヴィトゲンシュタインが『哲学探究』*第二〇一節で言っていることを最初に引用して、それを解説する形で議論を進めています。第二〇一節ではこう言われています。「私たちのパラドックスはこうだった。ある特定の規則により行為の仕方が決まることはない。なぜなら、どんな行為の仕方も、その与えられた規則と一致させることができるからだ」。簡単に言ってしまえばこんな感じです。つまり、ゼロから「順番に二を足せ」という規則が与えられていたとします。それに対して、人びとは、たとえば、二、四、六、八、と続けていく。これは私たちが実際に日ごろやっていることですよね。ところで、いままで、だれも千から先に進んだことがないとい

*L・ヴィトゲンシュタイン（Ludwig Wittgenstein）『哲学探究』（藤本隆志訳、大修館書店）。ヴィトゲンシュタインはウィーン出身の哲学者。

うような極端な仮定をしておいて、いま、花子が、世界で始めて千に「二を足す」ことしたとします。このとき、「順番に二を足せ」という規則は、花子が一〇〇四、一〇〇八、一〇一二、と続けていくことを排除しない、というのが、その「パラドックス」なんですね。花子に向かって、「それは間違いだ。一〇〇〇の次は、一〇〇二、一〇〇四、一〇〇六、と続くんだ」と反論しても、花子は頑として、自分が正しいと言い張る。私たちは、「だって、『二を足す』と次の次の数になるはずで、実際九九八までそうやってきたじゃないか」と言いたくなりますよね。すると花子は「『二を足す』と次の次の数になるのは、九九九までで、一〇〇〇を超えたとたんに、『二を足す』と次の次の次の次の数になる、っていうのが『二を足す』ということの意味じゃないの」と答える。こうなるともうなにを言っても無駄です。「いや『二を足す』ということの意味は、『すべての数』について、二を足すと次の次の数になるという意味だったはずだ」と言えば、こんどは「そうよ。ただし、『すべての数』のその『すべて』の範囲は九九九までで、一〇〇〇からは、『すべての数』について、二を足すと次の次の次の次の数になる、というのが、『二を足す』の意味だったはずよ」と答える、というみたいな。

つまり、過去の事例がどうであれ、規則は将来おこることをなんら拘束しないというわけです。これは、ある種の「懐疑論」ですが、このような規則への懐疑論は、けっこういろいろな人たちによっても支持されているように思います。クリプキによれば、私たちにさしあたり与えられているのは有限個の事例だけだけれど、規則というのは、無限の事例を含んでいるはずだ。だから、実際の事例をいくつ集めても、その規則そのものには到達できない。つまり、現在手元にある事例だけからは、規則に従って次にすべきことは何なのかは、決まらない、というわけです。ここから、クリプキは、規則に従ってなにかをやる、などいうことは実際にはなされていない。そうである以上、言葉の「意味」も存在しないし、したがって言語もそもそも不可能である、みたいな結論を導くんです。

この論法でいくと、先ほどのホワイトボード上の「プラン」の場合も同じで、たとえば、花子が午前中ずっとテレビにかぶりついているもんだから、太郎が「ちゃんとプランどおりやってよ」と言っても、花子は「ちゃんとプ

＊たとえば、ゴードン・

ランどおりにやっているわよ。『掃除』という文字列の下の『風呂場』という表現は、昨日までは、『風呂場を掃除する』という意味だったけれど、今日からは、『テレビを見る』って言う意味なんだから」などと言い返すかもしれない。こうなったら、もうなにを言ってもだめ、というのは、「二を足す」の場合と同じです。太郎と花子は、それゆえ実際にはこのプランに従って掃除をしているわけではない、ということになりますよね。

でも、いろんな人がすでに言っていることですけれど、* 懐疑論は、そのまま額面どおり受けとめるのではなくて、ある種の「背理法」と考えるべきだと思うんです。「言語は不可能である」という結論が出てきてしまった。あっそうか、だから言語は不可能なんだ、と感心するんじゃなくて、「しかし言語は現に存在している。であるならば、議論の前提にどこか致命的な欠陥があるはずだ」と考えるべきじゃないか、と。実際、ヴィトゲンシュタインの第二〇一節のさっきの引用の続きは、こうなっています。「私たちが『どんな行為の仕方も、その与えられた規則と一致させることができると』考えているとき解釈につぐ解釈をおこなっていること、ここにすでに誤りが

ベーカーとピーター・ハッカー（G. P. Baker and P. M. S. Hacker, *Sceptism, Rules & Language* (Basil Blackwell))、ノーマン・マルコム（N. Malcolm『何も隠されてはいない：ウィトゲンシュタインの自己批判』黒崎宏訳、産業図書)、スチュアート・シャンカー(S. G. Shanker, *Wittgenstein and the Turning-Point in the Philosophy of Mathematics* (State University of New York Press)）など。

あるのだ。……むしろ、解釈することではないような規則の捉え方があること、すなわち、私たちが『規則に従う』と呼ぶ事態、および『規則に反する』と呼ぶ事態のうちに、そのつどおのずと顕わになるような規則の捉え方があること、このことがいまや明らかになる」と。

ぼくの素人解釈では、規則をあらかじめ「無限の事例を含む」なにか「理想的」な実体と考えると、さっきのパラドックスが帰結してしまうぞ、つまり、規則とはそんなもの（理想的実体）ではないんだ、ということなんじゃないかと思うんです。『哲学探究』の第一〇〇節前後でヴィトゲンシュタインが「命題の論理構造」について議論していることと関係づけてみると、そういうふうに見えてくる。たとえば、第一〇二節では、次のような感じのことを言っています。「命題の論理構造の厳格で明晰な規則は、なにか私たちの背後に隠れているように思える。しかし、私は、いますでにその規則を見ている」。つまり、規則が、私たちに直接経験できない、私たちの経験を越えたなにかであって、それが私たちの行為を、いわば背後から拘束するというように考えてはいけない、ということをヴィトゲンシュタインは言いたいんですよ。そんなふうに考えてしまうと、その背後にある「なにか」を実際に適用しようとするとき、それをそのつど解釈しなければならない、そしてその解釈は無限に多様でありうるから、結局、「どんな行為の仕方も、その与えられた規則と一致させることができる」というふうになってしまう、と。だから、規則は、頭の中であれ、どこか「理想界」であれ、抽象的な実体としてあるわけではなく、むしろ、私たちの実際の振る舞いのうちに「おのずと顕わになるような」仕方で、従われ、適用され、用いられているんだ、というわけです。

それが具体的にどういうことかは、先ほどのホワイトボードに書かれたプランの例で言ったとおりです。規則であれプランであれ、それは、私たちの生活を秩序づけるためにそのつど参照され用いられていく。それに反する行為があったときには、それが「違反」であるという判断が示され、修復が、あるいは言い訳なり正当化が試みられる。そして一方、このようなやりとりのなかに置かれることで、その規則なりプランのほうも、その意味がはっきりしてくる、というような具合です。

たしかに、規則とプランはまったく同じではないでしょうけれど（規則についてはまたあとで立ち返る機会があると思いますが）、少なくとも、さっき上野さんが「プラン」についておっしゃったことを、規則についても言うことができると思います。つまり、まず、規則がないわけではない。規則に従うということは実際におこなわれている。第二に、規則に従った行為は、それ自体状況的な行為である。あるいは、規則に従ってなにかをするということは、そのつどの状況のなかで成し遂げられていく、と。こういうふうに言ってみれば、先ほどからの上野さんの話と同じようになってきますよね。

上野　同じですね。プランはない、ということではなくて、位置づけを変える必要があるだろうと。

西阪　だから、プランに従ってなにかをしているとか、規則に従ってなにかをしているということを、そのこと自体を考え直してみましょう、ということですね。

上野　先ほども言ったことですが、要するに、単に人の認知や行為は、状況的か計画的かというような問題ではない。だから、プランとは、行為をコントロールする内的なプログラムのようなものではなく、むしろ、一連の行為や事象を秩序立てて、相互に理解できるようにする道具、あるいは、リソースだと言うべきであろうということになります。

■「規則に従うこと」の共同体説

西阪　つまり、「相互行為のなかのプラン」ということだと思うんですが。ちょっとずれるかもしれませんが、クリプキのいわゆる「懐疑論的解決*」について一言コメントしておいたほうがいいかなと思います。先ほどお話したのは、そもそも規則への懐疑論など受け入れてはいけない、ということだったわけですが、クリプキは、まず懐疑論を全面的に受け入れたうえで、つい

＊「懐疑論的解決（sceptical solution）」という考え方はデイビッド・ヒューム（David Hume）に由来する。懐疑論者の否定的な主張を反駁することはできないと認めたうえで、なおかつ、懐疑論によって否定された論拠によらずに日常の信念の正当化が可能であることが示されるな

で例のパラドックスの「懐疑論的解決」なるものを提案しています。クリプキは、いかなる事実も、「花子は『二を足せ』という規則に従っている」とか「花子は『二を足す』ということを意味している」という命題と対応していないと言います。しかし一方、このようなことを実際に口に出して言うことは、しばしばあるわけですよ。「…を意味している」なんていう言い方は日本語としてこなれていない、なんていうことは別にして。であるならば、そんな「事実無根」の言い方ができるのは、どうしてなのか。それはいかにして正当化されるのかを問うてみよう、というわけです。このことを、クリプキ自身は、「真理条件」に代えて「正当化条件」を問うんだ、といった言い方をしていますが、その答えにも混乱があるように思います。*

クリプキによれば、花子がとにかく特定の反応を自分でしたい気持ちになった（be inclined to）とき、「自分は…という規則に従っている」とか「自分は…を意味している」と言ってよい。ただ、それは必ず暫定的な主張にすぎず、いつでも他人によって訂正される可能性にさらされている。だから、逆に、その反応がだれからも訂正を受けないならば、そのかぎりで、花

らば、そのとき「懐疑論的解決」がえられたという。わたしたちは通常「規則に従っている」と信じている。一方、懐疑論は、「規則に従っている」という言明に対応する事実はないと主張する。懐疑論的解決は、「対応する事実」に依拠せずに「規則に従っている」という言明が正当化可能であることを示すわけだ。

＊以下の議論についてはベーカーとハッカーの前掲書（*Scepticism, Rules & Language*）を参照のこと。

子の「規則に従っている」という主張はさしあたり「正しい」と認められている。と、こんな感じです。言い換えれば、花子が特定の反応を「したい気持ちになった」とき、その反応が、共同体の反応（つまり他人たちが行なうであろう反応）と一致しているならば、そのかぎりにおいて、花子の「自分は…という規則に従っている」もしくは「自分は…という規則を習得している」という主張は、とりあえず「正しい」とみなしてよいというわけです。この「共同体」に訴える「解決」は、一見、インタラクションという視点と通じるところがあるような感じがします。でもやはり基本的なところで違う。

クリプキの場合、「共同体」という概念を導入するのも、とても慎重にやっています。少なくとも、「共同体を実体化している」というような（むしろ多くの社会学者に対して成り立つかもしれないような）批判は寄せつけない。彼にとっては、なにか実体としての共同体がどこかにあるわけではない。あくまでも、私の反応を、私が自分の「やりたいように」やり続けることを阻止するかもしれない他人が共にいるということ、これだけなんです。

私の反応は、いつでも思いがけないところから、不意打ちを食らうかもしれない、といった不安感が、共同体なんですね、いわば。そのような他人がいるにもかかわらず、とりあえず、訂正を受けることもなく、私はやり続けているということが、他人との「一致」なんです。このような非等質的な他人との共存という考え方は、ぼくたちのインタラクションという考え方と、かなり近いような気もするわけです。

でも、基本的なところが違う。それは、「規則に従っている」「意味している」という表現の「文法」にかかわることです。「規則に従う」も「意味する」も、いずれも個人的な「したい気持ち」などとは一切無関係だ、ということ。ここなんです。クリプキの場合、結局、「規則に従っている」と言うことを正当化できるのは、そう主張する人の「個人的な気持ち」だというふうになっています。たとえば、クリプキはこんな言い方もしています。「ジョーンズが足し算を意味していたと、そうスミスが判断するのは、次のような場合のみである。すなわち、スミスが自分だったらこう答えたいと思うようなものと、ジョーンズの答えが一致していた場合、である」*。しかし、

*クリプキの前掲書（『ウィトゲンシュタインのパラドックス』）。強調は西阪による。

「個人的」もしくは「私的」な「気持ち」は、「(自分であれ他人であれ）規則に従っている」という主張が正当であることにとって、まったく無関係なんです。たとえば、なにか高度な微分方程式の問題に花子が解答したとして、それを横で見ていた太郎が「その答えは、ぼくが出したいと思っていた答えと一致している」と言うことは、まったく普通にありうると思います。しかし、太郎が「だから、花子は微分ができる」と言ったら、どうでしょう。ぼくには、とても変に聞こえます。つまり、相手の答えが「自分がそう答えたいと思うことと一致している」ということは、相手が「規則に従っていた」と主張することを、なんら「正当化」しないと思うわけです。それが自分自身についてだったらもっと変です。「ぼくは微分方程式をきちんと解いた」という主張が、「だって、そういう答えを出したい気持ちになったからだ」などと言うことによって、たとえ「暫定的」にであれ「正当化」されるとはとても考えられないですよ。

クリプキとは別に、「規則に従うこと」の共同体説みたいなものは、結構たくさんあると思います。** クリプキ自身は、規則への懐疑論を前提としたう

**たとえば、デイビッド・ブルア（David Bloor）の『ウィトゲンシュタイン：知識の社会理論』(戸田山和久訳、勁草書房)。また一三一ページの注に挙げたマルコムも、ある種の共同体説をとっている。

えで、「規則に従っている」という主張の正当化だけを問題にしているわけだから、またずれてしまうんですけれど、一般的に言って「規則に従うこと」「規則を習得していること」を「共同体の反応との一致」に還元することはできないと思います。いままでも言ってきたことですが、重要なのは「反応の一致」ではなくて「判断の一致」なんですよ。実際、反応は一致していなくても、判断の一致は維持されうるんですね。「規則に従う」あるいは「規則に従う能力を行使する」ということは、この「判断の一致」の水準にある。

■相互行為に埋め込まれた規則

西阪　具体的な例に即してお話したほうがいいと思うんですが、たとえば、次の実際の会話（電話）からとってきた断片は、ぼくの数年前の書物*で用いたものです。

＊『相互行為分析という視点：文化と心の社会学的記述』（金子書房）。

花子：……というような本があるかなっと思って聞いたんですけど
　（一・二秒の沈黙）
太郎：うーーふふ［ふふ
花子：　　　　　［へへへへへ　たいへんそういう図々しいこと聞いちゃ、あの、あれなんだけどさ……

　つまり、花子は「なにかいい本があるか」って聞いている。それに対して、太郎は一・二秒という大きな沈黙をもって応じている。これはある意味では「ルール違反」なんですね。つまり規則（「質問に答えよ」）どおりの反応がない。「質問」があるのに「答え」がない。けれど、にもかかわらず、ある意味では太郎は「質問に答える」という規則にやっぱり従っているとも言えると思うんです。いくつかポイントがありますが、順次述べていきます。
　まず、太郎は、沈黙のあと「うーー」と言っています。いわば「考えあぐねること」をしています。そうすることで、その沈黙がなによりも「自分の」沈黙であるという判断を示しています。つまり、花子の質問のあとに、なぜすぐに答えなかったのかを説明しているんですね。「いま自分は答えようとして考えているんだけれど、答えが思いつかない」みたいな感じで。

　つぎに、太郎は、「うーー」の語尾に笑いを含ませています（「ふふふふ」）。この笑いがなにを意味するか、ぼくたちがいま、すぐに「こうだ」と言う必要はありません。ただ、重要なのは、花子が、太郎の笑いに、自分の笑いをかぶせている点です。* このことで、花子は、太郎がなぜ笑ったか（および、太郎がなぜすぐ花子の質問に答えられなかったか）その理由を自分が知っているということを主張しています。そしてついで、その「理由」が質問の「図々しさ」にあるという彼女の理解を、言葉で表現し、「にもかかわらず」どうしても質問をしたい旨を主張します。

　花子の質問のあとの、一・二秒の沈黙は、たしかに、ある種の「トラブル」かもしれませんが、太郎と花子は、「質問に答えよ」という規則を参照しながら、そのトラブルの意味を互いに明らかにし、そうやってそのトラブルを処理していくわけです。つまり、太郎は、たしかに「質問に答えよ」という規則に直截には従わなかった。しかし、それに続くやりとりのなかで、

＊断片中の［は音が重なっていることを示す。

太郎と花子は、その規則を参照し用いながら、自分たちの相互行為を「花子が太郎に助言を求める」やりとりとして秩序づけているんですね。つまり、太郎も花子も、（たしかに例の沈黙は「ルール違反」であったとしても）自分たちの「規則に従う能力」を互いに対して発揮しつつ、自分たちの相互行為を意味あるものにまとめているわけです。太郎は、たしかに、花子の質問にすぐに答えなかったにもかかわらず、しかし、太郎が自分の振る舞いを、「質問に答えよ」という規則に関係づけており、その意味で、彼はその当の「規則に従う能力」を発揮し続けている。

「規則に従うこと」あるいは「規則を習得していること」は、このような意味で「規則を参照し用いること」を含んでいるんですね。「規則に従っていること」「規則を習得していること」は、単なる「反応の一致」でもなければ、単に、他人から訂正を受けていないという消極的な判断の一致があるということでもない。それは、むしろ、相互行為参与者たちがいろいろな音声的（および非音声的）なリソース（いまの例では、「うーー」、笑い、「図々しい」など）を用いて、自分の判断を相手に示し、そうやって自分たちの判断を重ねあわせていく作業と無関係ではないんですよ。あるいは、上野さんの「リソース」という言い方を用いれば、「規則に従うこと」（単に偶然規則と一致した反応をした、つまり適当に言ったら当たっちゃった、というのではなく、規則を習得したうえで、規則に従う能力を行使しているという意味での「規則に従うこと」）のうちには、規則を「リソース」として用いながら、判断の一致を達成していくことが含まれているわけです。

上野　まさに、相互行為に埋め込まれた規則ということにふさわしい例ですね。全く同じことは、プランに関しても言えるでしょう。お互いにプランをリソースにしながら、相互の事態についての判断を相互にアカウントしながら、あるいは、理解可能にしながら、判断の一致を、ローカルに達成するというわけですね。

〈4〉知識表象の再考

■エキスパート・システムの意味

上野　これまでは、もっぱらプランとか、規則の議論をしてきましたが、ここでは、それ以外のタイプの〝知識表象〟について考えてみたいと思います。やはり、同じようなラインの議論や分析が、例えば、エキスパート・システムで実現されている＊ような知識表象に関してもできると思います。

つまり、主には、八〇年代に多く行われたコンピュータの中に専門家の知識を埋め込んで、いろいろ教育とか、実際の仕事のなかで役立てようという試みが盛んになされました。例えば、原子力発電の専門家やその操作する専門家でもいいんですけれども、そういう人とのインタビューを行い、それによって得た専門家の〝知識表象〟をコンピュータに入力して、教育用に使ったりとか、実際に故障の診断に使ったり、あるいは、外科医とか法律の専門家に、いろいろインタビューするわけです。

ここでは、こういう試みを整理したいと思います。今はこういった研究は、非常に廃れているようです。それは、あまり使いものにならないとか、いろいろ理由はあるんでしょうけれども。しかし、エキスパート・システムとは、どういうものだったのかということをプランに関する議論と同じラインで、整理することができるでしょう。

すでに議論したことを考慮するなら、エキスパートの知識も、また相互行為的に組織化されたものだ、というふうに言えるということになります。例

＊エキスパート・システム（expert system）とは、専門家（弁護士、医師など）の行う問題解決を、専門家の代わりにコンピュータにやらせようというシステム。専門家システムとも言う。

えば、実際には知識工学というか、コンピュータサイエンスでは、医学なり、法律なりのいろいろな分野の専門家にいろいろインタビューをして、専門家の知識表象がどのようなものかを明らかにしようとしてきました。ときには、知識工学、コンピュータサイエンスおよび各分野の専門家が協力してエキスパート・システムを作ろうとしたわけです。

しかし、例えば、コンピュータ・サイエンティストなりが専門家とやりとりすることで、その専門家の知識表象を探るという場面を考えてみましょう。このとき、その専門家が、どのように自分のもっていると称する知識を表現するかというのは、インタビュアーの一連の質問やそのときの会話に依存するわけです。例えば、専門家が何をどこまで説明するかは、インタビュアーの質問の仕方や会話の組織化のあり方に非常に依存している。あるいは、逆に、専門家は、インタビュアーのためにさまざまなコンテキストを組織化して、インタビュアーに理解できるように説明しようとするでしょう。このインタビュアーへの説明は、日常のその専門家の同じコミュニティのメンバーというか、同じ専門家の（原子力発電だったら、原子力発電の専門家）や学生に説明する仕方とは、ちょっと違っているだろうと思います。

この場合、知識工学者というか、インタビュアーのほうは、道具として、例えば、プロダクション・システム*などの知識表象の理論という知識の整理学的枠組み、そういう知識の整理学を実現する実際のプログラム言語とか、そういうものを一方で持っているわけです。つまり、エキスパートが言ったことを、そういった〝知識の整理〟の理論によって秩序立てて整理するということを行っていると思います。例えば、プロダクション・システムとは、「もしこうならこうするとか、こういう条件でこうするとか」いうようなある種ルール化された知識の整理の仕方ですが、そういう形の道具を一方でもちながら、インタビュアーが、専門家の言うことを整理するということを行っているわけです。

あるいは、プロダクション・システムのような整理体系が、実際に会話するときの質問の仕方も方向づけるかもしれません。例えば、If then 式の知識の整理体系をエキスパート・システムを開発するための道具として用いるとすれば、質問の仕方も、「もしこういう場合はどうですか」という形式で

＊プロダクション・システムとは、プロダクションの集合と作業記憶の組からなるものである。プロダクションでは、「もし、………なら、×××をする」という形でパタンと行為、内的操作の対応関係が表現されている。………のパタンを示す部分は、条件と呼ばれ、その条件のもとでの行為、あるいは、内的な操作は、×××で表現されておりアクションと呼ばれている。

聞くというようになるかもしれません。つまり、If then 式の知識の整理は、インタラクションを組織化するためのリソースの一つになるでしょう。このようにして、エキスパートの知識に関するインタビューというのは、専門家の頭の中を探索するつもりでやっていたんでしょうけれども、実際にはある相互行為を組織化することで社会的、道具的にある知識体系を作るということをやっていたように思います。

こういうインタビューで協同的、道具的に組織化されているエキスパートの「知識体系」は、ある種の知識体系に違いないけれど、こういうものによって、逆に、つまり専門家というか、お医者さんならお医者さんなりのやっている実践が、実は全然見えなくなってしまうという側面もあると思います。例えば、診断をするときに、いろんなリソースとか道具、例えば、X線写真とか、患者の言っている「ここは調子悪いんですけど」とか、いろんなリソースを使いながら、まさに状況的に診断しているというようなタイプの実践は、こういうインタビューによっては見えないわけです。

もちろん、医学の専門家が、学生に対して整理された知識や技能を語ると

また、知覚などによって利用できる外的環境の情報を蓄えておく場所が作業記憶と呼ばれる。プロダクション・システムにおいては、知識表象の中の様々なパタン－アクションの集合、つまりプロダクションの集合の集合中の、条件部分が作業記憶の内容と最もあうプロダクションが選ばれ、実行される。（以上の解説は、安西による）

（佐伯胖監修　安西祐一郎、佐伯胖、難波和明著、一九八二『LISPで学ぶ認知心理学2問題解決』東京大学出版会）

いうこともあるんでしょうけれども、それも、また知識工学者の行ったインタビューのようなものとは別の実践だと思います。

また、そういうエキスパート・システムのような道具が現場で使われた場合の危険性というのがあって、例えば、これが専門家を代表するものですよというと、非常にある意味でまずいことも起こり得るだろうというのが、容易に想像されるわけです。例えば、専門家が用いている多様なリソースやそうしたリソースを用いた状況的な判断に目が向かなくなってしまうとか、いったことがありうると思います。だから、要するに、エキスパート・システムの道具としての意味づけというのを考え直す必要があるということですね。全く役に立たないとか、そういうことは、一般的には言えないんですけれども、エキスパート・システムに対する位置づけを変える必要があったと思うわけです。エキスパート・システムが、これがエキスパートのすべてであるとか、少なくとも知識としては全部実現されているというふうに位置づけることで、逆に見えなくなることがいっぱい出てくるし、道具としての意味というのも研究できなくなってしまうんじゃないかということですね。

■コンテキストのなかの知識

西阪　ガーフィンケルが「『粗悪な』臨床記録が生み出される組織上の『立派な』理由」という有名な論文*をかつてエゴン・ビトナー**と一緒に書きましたよね。つまり、病院でファイルされている患者の記録分析なんですけれど、この話もちょっと似たところがないですか。外来患者として病院を訪れた人たちのすべてが、治療の対象として通院するようになるわけではないですよね。ある外来の人たちが治療の対象として選ばれるのは、どのような基準によってか。ガーフィンケルたちは、この、とっても社会学的な問題を立てたんです。で、実際に病院に行って病院のファイルを調べてみる。と、これでどうして病人のことが分かるんだろうというような、非常に「粗悪な」記録しかないんです。ところが、そんな記録でもそれなりに規則に従ってきちんとつけられている。病院というコンテキストのなかでは、それなりに役立っているわけですね。つまりどういう関心で臨床記録をつけるかは、あく

*『エスノメソドロジー研究』に第六章として収められている。

**エゴン・ビトナー（Egon Bittner）はアメリカの社会学者。かつてガーフィンケルの共同研究者の一人であったと同時に、パトロール警察官についての、非常にユニークな独自のエスノグラフィ的研究をたくさん残している。

までも、病院を運営していくという特殊な目的に依存しているんです。それは、「将来」のために「客観的な」記録が残されるべきだという研究者の関心とは、根本的に違うんですね。エキスパート・システムの設計のためにインタビューをする人も、ガーフィンケルの研究仲間たちと同じですよね。要するに、インタビュアーたちは一生懸命「完全な」記録を集めようとするわけですが、でも、彼らにとってコンピュータの上にエキスパート・システムを組み立てていくのに役に立つ情報が、実際に専門家（エキスパート）に相談するという、全然別のコンテキストのなかでまったく別の意味をもつことになるかもしれない。こういう話ですよね。

上野　だから専門家の人とか、学生もそうかもしれないけれど、実際にその仕事をやっているときに使っている類いのリソースと、こういうエキスパート・システムのような体系のようなリソースと、根本的な違いがある可能性があって、そういう意味では、実用的にも相当問題があるのかもしれない。

西阪　上野さんが言うのは、要するに、こういうことですね。一方で、プログラムを作るためにインタビューをするというコンテキストがある。他方で、学生たちの教育をするというコンテキストがある。あるいは、実際にだれか相談にやって来ていろいろな相談をするというコンテキストがある。これらのコンテキストは、みんな違う。それぞれまったく異なる目的がある。情報や知識の有用性は、そのつどのコンテキストなり目的に依存しているんだ、と。インタビューによって知識のリストを作るという発想は、「客観的」な知識が脱コンテキスト的に、あるいは超コンテキスト的にありうるという想定をしているんじゃないか。そこが問題だ、という話だと思いますが。

上野　どういうふうに知識を整理するかというのは、相手にもよるし、どういう道具を使ってということにも依存します。これは、インタビューによって知識のリストを作るという場合も、例外ではないはずです。こうした知識整理学も、また、脱コンテキスト的に専門家の一般的知識を体系化しているわけではないのです。しかし、それを一般的、抽象的知識だと位置づけることで、専門家の実践を見えなくしていると思います。

西阪　実際に、これはあんまり上手く働いてないわけですか。

上野　そのようですね。でも、ここで言ってきたような整理は必ずしもされていないかもしれません。

西阪　例えば、じゃあインタビューなんかやめちゃって、実際に専門家にだれかが相談している場面を詳細に観察して（たとえばビデオをとるなりして）、そこからいろいろな規則を定式化し、それをプログラム化していけばいいじゃないか、って言いたくなるような感じもありますよね。でも、そんなことを試みても、きっと失敗するにちがいないと思います。さっきの電話でのやりとりの例を見ていただければいいんですけれど、規則に従うということは、それ自体、きわめてコンテキスト依存的です。どういう振る舞いが規則に従う能力にもとづく振る舞いでありうるかは、コンテキストに徹底的に依存している。いってみれば、質問に答えないことが、ある意味では質問に答えよという規則に従う能力の発揮にもなっていた。規則に従う能力の発揮は、いわば、そのつどコンテキストに応じて適切な仕方でデザインされなければならないわけですね。じゃあそのコンテキストを構成するすべての偶然的な条件を「定式」として書き出してやれ、っていうことでもない。前にも話題になったことですが、どういうときに一秒ほどの沈黙があるか、どういうときに「うーー」と言うか、みたいなことを、すべて定式化することなど、そもそもできそうもないし、かりにできたとしても、システムは膨大な「定式群」を抱え込むことになり、一つ反応するたびに膨大な時間を費やさなければならなくなりますよね。

　形式的な言い方をすれば、一方で、どんな表現がどんな知識なり情報を表わしうるかは、その表現が用いられる具体的な相互行為状況に依存しているし、他方で、その当の表現の使用は、相互行為を具体的に進行されるための一つの「指し手」にほかならない。このような循環から抜け出すことはできないんです。つまり、どのような具体的な条件のもとで一定の知識や情報は一定の表現により表わされるかなんていうことを、そのつどの相互行為状況の「局所的」な秩序を越えて、一般的な形で定式化することなどできそうもない、ということですね。さっきの「粗悪な」記録の話も同じです。ガーフィンケルが強調しているのは、そもそものような「粗悪な」記録をつけること自体が、病院の運営の一つの構成要素となっている、ということです。たとえば、「粗悪な」記録が「きちんと」つけられているからこそ、病院は、研究機関とは違う組織として、その責務を果たしていくことができるわけですよ。外来者の（治療を含めた）取り扱いについての記録は、それが記録している当のもの、すなわち「外来者の取り扱い」のための一つの道具なんです。このような入れ子構造をガーフィンケルは「リフレキシヴィティ」*と呼んでいますが、その含意は、特定組織の具体的なコンテキストのなかで用いられている知識を一般的な形でリストアップすることは、どうやってもできそうもない、ということではないでしょうか。

上野　むしろ、どれだけ体系化され、一般化されているように見える知識の

＊リフレキシヴィティ（reflexivity）は「相互反映性」「反射性」などと訳されることがある。ガーフィンケルの著作のなかで、「リフレキシヴィティ」は概ね二つの意味で用いられているように思う。一、一方で行為や発話がどのような意味をもつかは、それがどのような場面設定のなかで産出されるかに依存し、他方で場面設定の意味は、そのなかで具体的にどのような行為や発話が産出されるかに依存する、という循環。二、特定の場面設定についての

整理体系も、実践の中では、リソースの一つにしかならないということになるでしょうか。そういう実践の中で、あくまで一つのリソースとしての、知識やルールを整理した道具が、他の道具使用や相互行為との関係でどのように使われるのかといったことを分析していく中で、どういう道具をデザインしていけるのかといった展望も出てくると思います。もちろん、この場合、人間のエキスパートの知識を反映した道具であるというように考えられてきたエキスパート・システムのようなものの場合とは、道具の位置づけ方も根本的に異なっているのでしょうが。

アカウント（それが何であるかという理解・意味づけ・説明）は、それ自体その場面設定自体の構成要素になっているという捩《ねじ》れ。この二つは、ガーフィンケルにあっては、別のことではない。

〈5〉個人的特徴の組織化

上野　いま専門家の持っている頭の中の知識表象というようなお話をしました。従来、認知科学の中では、個人の頭の中に焦点が当てられてきたわけですが、ここでは、そもそもその〝個人〟が、無前提に、あらかじめ与えられたものとして見なしていいかどうかという議論をしてみたいと思います。

■相互行為における個人の組織化

上野　認知科学では、個人の内側はどのようなメカニズムになっているかというように、個体というのがあらかじめあるということを前提にして、その中身を研究するというのが研究の常套手段、常套の認識だったわけですけれども、このときの〝個人〟とか〝個体〟とはどのようなものであったかということを再吟味してみたいと思います。

いわゆる相互行為という観点から見れば、人間における個人や、その内面といわれていることも、社会的に表示され、組織化される状況的実践であるということになると思います。あるいは、個人とかその内面とかもあらかじめあるんじゃなくて、やっぱりある種の社会的相互行為を組織化することを通して可視化されているというふうに見ることができるということですね。だから、個人の内部はどうかというふうに問いを立てるのではなくて、個人とか主体というものが、どういうようなものとして、どのように社会的に組

＊レイ・マクダーモット（Ray P. McDermott）は、教育をフィールドにしたアメリカの文化人類学者。アダムの事例の分析は、一九九二年に来日したとき国立教育研究所におけるワークショップで提示された。また、この事例は、フード、マクダーモットとコール（一

織化され、表示されるというか、説明（アカウント）されるとか、観察可能になっているのか、あるいは定式化されるのかということを問題にするということが、むしろ相互行為という観点からの見方ではないでしょうか。

あまり個人というものの組織化に焦点をあてた研究はないんですけれども、マクダーモットたち*の研究が一つあげられると思います。彼らは、知能テストの場面とか、教室的な相互行為の中で個人というものが可視的になっている、それがどのように相互行為的に組織化されているかを分析しています。

彼らの研究では、アダムという、学習障害**の子をめぐる相互行為に焦点を当てています。学習障害というのは、他の点では余り他の子と変わらないに、読みに非常に問題があるとか、そこには、いろいろ神経生理学的な問題があるとか言われているんですけれど。そういう学習障害と診断される子どもが、たまたま彼らの教育関係の研究プロジェクトに参加していて、その子をめぐる相互行為にこのマクダーモットたちが注目し、観察しているわけです。いろんな場面のビデオを撮っています。授業中や、放課後の料理クラブ

九八〇）でも紹介されている。（Hood, L., McDermott, R., & Cole, M. (1980) "Let's Try to Make It a Good Day"—Some Not So Simple Ways. *Discourse Processes* 3, 155-168.）

**「学習障害（learning disability）」とは、一般的な「知能水準」がとくに低いというわけではないのに、読み書き・計算・注意の集中などが苦手なために、学習に顕著な困難が生じる状態を指す。LDと言われることもある。

や擬似的に教室的な場面を設定したような状況も撮っています。

そのなかのビデオの一本に、子どもたちがクイズショー形式でやりとりする場面を撮ったものがあります。この〝クイズショー〟形式は、アメリカの授業でもよく使われることがあるようです。この場面では、子どもたちが二つのチームに分かれ、大人が問題を出して、それぞれのチームに順番に答えさせて、多く正答した方のチームが勝ちということになります。

ここで出された問題は知能テストから採られたものです。例えば、「どの方向に太陽が沈みますか」とか、そういう問題が与えられるわけです。アダムは、これに「海」と答えるんですけれども、「西」というのが正答ですね。場合によっては、海（の方向に沈む）も正答と言えるんですけれども、ここで問題なのはこの答えが問題に関連づいているか（レリバントか）どうかということでしょうね。

でも、ほかの子もいいかげんなこと、例えば、「南」と言ったりしているんですけれど、ほかの子はなぜかその間違いが取り立てて着目されることはないのに、アダムの間違いだけは皆に言及されるわけです。

こうした場面で、ある時点で二つのチームの得点が2対1になり、競っているという状況になる。このとき、アダムの先ほどのエラーが、同じチームの子どもたちによって言及されます。司会をしていた大人が、今度はだれが答える番かを聞いたときに、アダムと同じチームの子が「アダムはもうやった、できなかったことは覚えているでしょう。彼は全然点を取ってない」ということを言ったりするわけです。

このとき、司会の大人は、アダムに当てて「一ポンドは何トンになるか」という質問を出しました。これは難しいですね。アダムがこの問題を考えているとき、同じチームの子どもたちは、自分を当てろと大声を出して、ギャーギャーわめいている。これに伴って、アダムは、椅子に体を沈めて、ほとんど首だけ見えるように小さくなるわけです。アダムが間違えたとき、彼らはさらに大声を出して言うんですけれども。そして、他の子どもたちも、間違う。とにかくみんなできないんですけれど、アダムができないことが、間違えたこと自体によってではなくて、答える順番を回さないようにする他の子どもたちによってハイライトが当てられている。こうして他の子どもたちの行為に応じて、アダムの体はますます椅子に沈んで、顔を手でおおって、最後には泣いてしまう。ここで、「できない」個人が焦点化されているることと、この場面が競争場面に見えることがコントラストをなしているように見えます。つまり、競争場面ということも、それ自体としてあるというよりは、アダムに答える順番を回さないようにしているとか、そういう形で逆に「できない」個人が焦点化されるということを通して、可視的になっている、組織化されているというような分析も可能だと思います。

あるいは、また、別の時点で、数の復唱の問題が出されて、学習障害の子は、数の復唱は苦手だそうですが、そこでも、アダムはできない子だということが、非常にくっきりと社会的に組織化されているということがありまず。つまり、司会の大人がわざとやさしい問題をアダムにだけ出すというようなことをやったりするわけです。これで、かえって、アダムができないことにハイライトを当てることになっています。

このようにして、アダムという「できない」個人が社会的に観察可能なように組織化されているというわけです。

■「個人の能力」の協同的達成

上野　マクダーモットたちの言い方を借りれば、「個人の能力」がディスプレーされるような場面が、社会的に組織化されている。この瞬間、アダムの弱さを、アダムを含めた子どもたちにディスプレーさせるように、グループが社会的に組織化されているのではないかというのです。あるいは、アダムという「個人の能力」にスポットライトがあたるように、グループが社会的に組織化されているということですね。実は、こういう類の場面を組織化することで、はじめて「個人の能力」や「頭の中」を見るということはできるのではないでしょうか。

上のクイズショーは、教室をある程度再現しようとした場面だと思うんですけれども、これは、認知心理学の実験室的な場面にも似ています。実験室場面ということも、同じように個人の頭というものが可視的になるように社会的、道具的に組織化された場面ではないでしょうか。実際問題としては、

「個人の認知」ということも実験者と被験者やいろんな実験道具とかによる協同的な達成だと思うんです。

西阪　つまり、前の話との関係で言えば、個人の能力というものも、個人の内部構造の問題ではなくて、いわば相互行為的なやりとりのなかにあるのだ、という話ですよね。

上野　そうですね。

西阪　そういう意味では、昆虫ロボットの話と同じですね。要するに、ロボットの「性能のよさ」というものは、そのロボットの内部構造にあるのではなくて、むしろ状況のなかにある、というのと同じ話ですね。

＊文化的なオブジェクトとは、たとえば、心電図みたいなものを考えるとよい。ぎざぎざの線は、自然科学的に説明しうる因果連鎖によって生じたものであることは、間違いない。その意味で、それはたしかに「自然」のものである。けれども、一方、それが「心電図」として身体の特定の「自然的」状態の表象として読むことができるのは、一定の「文化的」能力を

■文化的オブジェクトとしての病気

上野　そうですね。学習障害の神経生理学的な問題ということも、それ自体としてあるわけではなくて、やっぱり常に文化的なオブジェクト*として出てくるし、逆にそういう場面がないと学習障害も見えないわけです。われわれも含めてどのような人も、どこかおかしいかもしれないけれども、それは、学習障害のような形では出てこないわけです。だから、むしろ、ある場面を組織化したり、その行為を組織化するなかで、何かおかしいということが実は可視的になっているから、神経生理学的にも何かおかしいんだと診断できる可能性が出てくるわけです。したがって、学習障害も純粋に神経生理学の問題ということに還元されないだろうと思います。どの病気もそうですよね。どの病気だって、ピュアな、完全に身体物理学的、生理学的な病気であるということはありえないわけです。

もった者のみである。その意味で、そのぎざぎざの線は一つの「文化的」なオブジェクトだということができるし、さらにそのように表象され、そのようにして接近される心臓の状態そのものも文化的オブジェクトといえる。H. Garfinkel, M. Lynch and E. Livingston, 'The work of discovering science construed with materials from the optically discovered pulsar'（*Philosophy of Social Sciences* 11: 131–58）を参照のこと。

西阪　ちょうど同じ議論が例のジェフ・クルターの『心の社会的構成』のなかにあるんです。もともと精神病が彼のフィールドなんですよ。実際にイギリスと、それからスーダンの精神病院で何年間かフィールドワークをやっている。一時、いわゆる反精神医療*というのが一世を風靡しましたよね。トマス・サス**とか、R・D・レイン***なんかが有名ですけれど、要するに、精神病、特に分裂病なんていうのは病気ではないんていうですね。言ってみれば、だれかのことを「精神病」だと言うことは、ちょっと自分と思考回路の違う人を逸脱者として排除することにほかならない、と。実際、「分裂病」の患者の言っていることは、一見支離滅裂に聞こえるけれど、きちんと聞いてみれば、それなりに合理性があるんだ。だいたい、精神病は、身体的な病気と違って「客観的」な診断ができない。精神病というの神話だ。精神病院なんていうものも、単に「患者」を排除隔離するための施設であって、「治療効果」なんか期待できない。百害あって一利なしだから、そんなものはやめちまえ、っていうような感じですね。反精神医療を唱えていた人たちは、患者に対してまじめな共感をもっていたんだけれど、彼らの声はレーガノミ

*反精神医療（antipsychiatry）とは精神病を病気とみなし治療の対象とするのではなく、むしろ、「精神病」と言われる人びとを理解することを目指そうという「(元)精神科医」たちの運動。

**トマス・サス（Thomas Szasz）。著書は『精神医学の神話』（河合洋他訳、岩崎学術出版社）など。

***R・D・レイン（R. D. Laing）。著書は『経験の政治学』（笠原嘉・塚原嘉寿訳、みすず書房）など。

ックス****の福祉切り捨ての声と混ざってしまうという歴史の皮肉もあったと思います。まあそれはいいとして、で、ジェフ・クルターは、その反精神医療を『心の社会的構成』のなかで批判しているんです。その批判の根拠になっている一つの議論というのが、いま上野さんが言われたようなことなんです。

　クルターが引用しているファインスタイン*****という人の例がわかりやすいと思います。「鎌形赤血球性の貧血」というのがあるそうで、それにかかわる生理学的な逸脱状態があるらしいんですね。かつてアフリカのある地域では、その特別な特性を持っている人は、マラリアに罹りにくいということで、とても恵まれていると見られていたっていうんです。ところが、飛行機が交通手段となっている日本のような社会では、その特性を持っている人というのは、「病気」なんですよ。どういうことかと言うと、飛行機に乗っているとき、機内の気圧が急激に低下したりしたら、その特性をもっている人は、なにか体に変調を来して、下手をすると死んでしまうんだそうです。つまり、アフリカの「恵まれた」人も、こちらの「病気の」人も、生理学的な

****アメリカ合州国第四十代大統領のロナルド・レーガン（Ronald Reagan）の経済政策。大幅減税と国防費の巨額支出により、膨大な連邦政府赤字を招いた。

*****A. R. Feinstein, 'Boolean algebra and clinical taxonomy' (*New England Journal of Medicine* 239)

条件は全く同じなわけですよね。それがどういう生活状況のなかで、どういうふうに評価されているかによって、「病気」だったり、なかったりする。人間は水の中では息ができなくて死んでしまう。もちろん、だからといって、人間はみんな「病気」だなんていう人はいない。つまり、一定の条件のもとで人間を死に至らしめるような生理学的条件があれば、即そのことが「病気」であるわけではない。「病気」とは、一定の生活状況のもとでの、生理学的条件に対する「評価」の仕方なんです。精神病であれ、身体的な病気であれ、自分もしくは他人が「病気だ」と言うことは、その時々の生活状況のなかで、その生活状況に応じた仕方で、特定の振る舞いなり生理学的条件なりに一定の評価を下すことにほかならないわけです。そうである以上、身体的な病気の有無は一定の生理学的状態の有無によって一義的に判断できるのに、精神病はこのような「客観的」な基準がない、という形での批判は、基本的に的外れだということになりますよね。

学習障害の場合も、ある子どものことを「学習障害だ」と言うことは、学校という生活状況（あるいは「文化」）に応じた仕方で、その子の振る舞いなり状態なりに評価を下すことなんでしょうね。つまり、学校という生活状況においては、文章をちゃんと読めることが「よい」わけですよね。「学習障害」というカテゴリーの帰属は、そういう学校に特有の価値基準に照らして価値判断を下すことなんですね。

上野　一方で生理学的な条件・状態ということも、それ自体としては語り得ないということですよね。

西阪　それはそうだと思います。実際に病院で一定の手順に従って検査をするわけですよね。いろいろな道具を使いながら写真を撮って、それを適当に並べることで、ある特定の「生理学的条件」がハイライト化されてくる、といった感じでしょうか。

上野　生理学的な科学実践のなかで、別の文化的オブジェクトが組織化されているということでしょうか。

■社会的制度に埋め込まれた自然現象

上野　つまり、病気が病気としてあるという事実は、あくまでも科学者の研究実践に埋め込まれているということでしょうか。科学者はそれなりにサンプルを採ったり、いろいろ大量のデータがあって、その比較をしたり、いろんな道具を使って、あるいは社会的に病気というものを可視的にして、そういうふうに文化的にオブジェクトとして組織化してはじめて病気というふうになるわけであって、純神経生理学的な現象というものがあらかじめあるということはないわけです。

西阪　そういう意味で、病因論とか因果説明ということ自体が、文化的オブジェクトもしくは文化的リソースであるわけですよね。医者や科学者は実際に因果説明をしています。そのことがいいとか悪いとか言うんじゃなくて、実際に因果説明が試みられ参照され用いられているということ自体を、一つの社会的現象として考えることができるだろうと思います。さっきの「粗悪な」記録の話ではないですけれど、医者たちの説明は、もしかしたら、結構「粗悪」なものであるかもしれない。少なくとも、一定の「症状」の必要十分条件など特定できないはずですよね。一定の、おそらくルーティン化された手続きに従って診察をおこない、「病因」を指定する。たとえば、「熱っぽい」と言ってお医者さんに診てもらいに行く。そうすると、たいていまず喉を開かされて、「あ、赤いですね。風邪ですね」とか言われたりする。そして、「抗生物質」などが処方されますよね。つまり、「熱っぽい」という訴えがあったとき、まず「喉の炎症」が確認されれば、さしあたり「病因」として風邪症候群を引き起こす「雑多な菌」が指定される、というわけですよね。でも、お医者さんの名誉のために言っておきますけれど、別にこれは悪いことでもなんでもない。とにかく、これでたいして酷くもならず、なんとか快復するわけですよ。因果説明の「適切さ」は、病院もしくは医院の組織のあり方に埋め込まれているし、逆に、病院や医院の組織は、このような因果説明がなされることで成り立っていける。そういう意味で、因果説明は病院という組織（「文化」）のなかで、その病院という組織が「適切」に組織化されるために、そのつど「適切」に達成されるべきオブジェクトでありリソースである、と言えると思います。

たしかに、ある生理的条件などは、「文化的」もへったくれもなく、端的にもうそこにある。たとえば、胃に穴があいた、なんていう場合もそうかもしれないし、あるいは骨が折れたなんていう場合はなおさらですよね。でも、やはり、骨折なんかの場合も、基本的には同じだと思うんですね。たとえば、「骨折」という概念は一つの分類体系のなかで、一つの位置を占め、一定の意味を与えられているわけですよ。つまり、脱臼とは違うし、捻挫とは違うし、肉離れとも違うし、すり傷とも違う。逆に、上から折れようが下から折れようが、同じ骨折だったりするわけです。もちろん、医療の専門家から見れば、上から折れるのと下から折れるのでは違うのかもしれませんが、問題は、あくまでもどこで区別をつけるかは、絶対的ではないということです。重要な点は、このような分類が、私たちの生活のあり方に依存しているということだと思います。近代医療が導入されて、そのなかで治療をするという観点から、その分類は便利なんだろうということですよね。

逆に、ちょっとSF的なことを考えると、将来、人間が自分の身体の一部を、別に悪くもないのに、ちょうどいまコンピュータの部品を付け替えていくような感覚で、どんどん性能のよいものに取り替えようというふうになってきたときには、身体ということの意味づけが変わってくると思います。そのとき、「骨折」などという概念が現在と同じようになお意味をもちうるかどうか、という問題です。いずれすぐヴァージョンアップして取り替える足なんだから、骨折も、腱が切れるのも、肉がちぎれるのも、みんな一緒ということにもなりかねない。つまり、「骨折」という概念は、私たち人間の現在の生活（もしくは生）のあり方に根差しているんですね。

ついでにもうひとつ複雑な話をすれば、ある意味で、「純物理的ななにか」が、もっともリアルなものなんだということ自体、私たち近代人の文化に属する、一つの「形而上学」なんですよね。どう分類するかみたいなレベルが文化的に相対的なのはよくわかるけど、その「基底」にある生理学的な条件、さらに物理的条件は、文化とは独立に端的にあるんじゃないか、という

「世界観」を私たちはもっていますよね。たとえば、麻原彰晃*が空中を飛んじゃったなんていうと、近代人としての私たちは、ギョッとしたりする。写真なんか見せられたら、オヨッと動揺しちゃうんですよ。そこにはなにかトリックがあるに違いないと思いますよね。で、じっとその写真を見てみると、あれ、麻原彰晃の髪の毛、逆立ってるじゃないか。なんだ、空中遊泳とか言っているけど、ただ落ちているところを撮っただけだろうとか思うわけですよ。そうして納得するわけです。つまり、物理学的な世界観に合った解釈ができれば、安心できる。「もっともリアル」なところに繋ぎ留めることができたわけですからね。問題は、「純物理的なレベルがもっともリアルだ」という主張も、所詮は（それ自体根拠づけることのできない）「形而上学」であり「世界観」だということなんですね。

*カルト集団「オウム真理教」の教祖。多くの殺人・致死事件の刑事責任を問われ、現在、裁判が続いている。

■帳簿、記録といった道具によって可視化される個人

上野　フーコー**などの議論にも関係するのでしょうが、個人ということ、例

えばアダムのような〝個人〟も、学校のような制度、一般的に近代といえるかどうか分からないけれども、そういう制度ができて、はじめてこういう形での逸脱というのが可視的になってきたのではないでしょうか。

つまりこうした制度のもとでは、大量の集団についての統計資料がそろえられるわけです。例えば、学校の成績簿がつくられるわけでしょう。そうなると、平均というのが出てきます。それから偏差値も出てくる。そのなかで、そういう統計資料という道具との関係で、こいつはできないとか、逸脱しているとか、平均並みだとか、そういう意味の個人というのが可視化されるわけです。

そういう道具、フーコーの言うところの「ファイリング・テクニック」がないと、これまで問題にしてきたような〝個人〟というのが見えないわけです。だから、実験心理学の対象であるような個人は、みんなある意味ではこの種の文化的な道具をベースにした個人なわけです。一般的な人の認知処理過程とか、そういうこと自体も、あくまでそういうような大量の帳簿というか、ファイリング・テクニックというか、そういうものが前提にあって、は

＊＊ミシェル・フーコー(Michel Foucault)はフランスの思想家。一九八四年没。『監獄の誕生』(田村俶訳、新潮社)では、十八世紀以降「規律訓練」の諸技術をとおして人びとがいかに「個人化」され「主体化」されていったかを描いている。

じめて観察可能になるものであって、それ自体非常に歴史的というか、永遠不変のものではないということですよね。そうではない個人の組織化のあり方、例えば、○○家の長男とかそういう個人というのもあり得るわけです。一方、こいつはできるやつとか、できないやつとか、平均並みだとか、そういう意味での個人の組織化のあり方もある。

西阪　その学校の話は分かりやすいですね。

上野　そういう記録システムがあるから、ある意味で個性というのも見えるわけです。そういう平均があっての個性ですよね。

実際には、マクダーモットが分析したようなある特殊な相互行為の組織化のあり方とこういう〝個人〟を可視化する記録といったテクノロジーの使用がからみあっていると思いますが、具体的には、そういうからみの分析は今までのところあまりやられていないと思います。

■「学習障害児」を通して相互行為の特徴が浮き彫りになる

上野　こうしたことを言うと、いわゆるいろんな文化があって、それぞれの文化が相対的なんですよというような議論をしていると思われがちです。しかし、ここでは、そういうことではなくて、ある相互行為とか、教室的な実践とかを組織化することで、病気とか、個人の能力や逸脱といったものも可視化され、組織化されているということなんじゃないでしょうか。例えば、アダムの個人としての低い能力がそれ自体としてあるというよりは、むしろ相互行為の組織化のあり方との関係で、そういう〝低い能力〟も可視的になってくるというようなことです。逆に、アダムというものを通して、ある相互行為の組織化のあり方の特徴を浮き彫りにするということができるということですね。

つまり、ポジとネガを入れ替えてみるというようなことも可能だということです。従来は、アダムができないと、この子の頭の中はどうなっているだろうかというテストや診断をするわけです。そうではなくて、逆にアダムができないということを作りだしている相互行為は一体どのようなものか、この相互行為的なバックグラウンドはどのようなものであるかに着目しようと言うわけです。そうした相互行為の組織化のあり方によって、ある子どもが〝できない〟というように見えるようになっている、そのような組織化のあり方を見ていこうというわけです。実際、いつでもこの子が〝できない〟子だと見えるわけではないそうです。例えば、料理クラブとか日常生活ではできない子だとは分からないと言うんです。

西阪　いま「近代」だとか「文化的に相対的」みたいな言い方をしましたが、これはあくまで、私たちが日ごろ「当たり前のこと」として自明視している事柄を相対化するための方便であって、「文化」が逆に実体化されてしまっては、いけないですよね。上野さんのおっしゃるように、あくまでもそのつどの相互行為（インタラクション）の「局所的」な秩序に内在するような形で記述していかなければならないですね。「文化的オブジェクト」というときの「文化的」というのも、そのつどの具体的な相互行為の秩序のなかに埋め込まれているというような意味のことなんだと思います。そういう意味では、たとえば「日本人」といった「文化」的アイデンティティ自体、そのつどの相互行為の具体的な展開のなかでリアルなものとなっていくのであって、いわゆる「異文化間コミュニケーション」研究みたいに、コミュニケーションに参加している人たちが「日本人」であるとか「アメリカ人」であるということを、研究に先立ってあらかじめ決めてかかっては、ほんとうはいけないはずなんですよ、ぼくたちの観点からすればね。*

■実践や相互行為に埋め込まれた道具

西阪　同時に気をつけなければならないのは、どんな道具が用いられるかによって、さまざまなことが決まってくるみたいな、いわば「道具決定論」のような考え方に陥ってはいけないということだと思うんですが。

*この点については、前掲の西阪の書物（とくに第二章）を参照のこと。

上野　ペンとかいろんな道具は、ペンそれ自体が道具になっているわけではなくて、やっぱりある書くという実践になったり、そういうなかでペンがはじめてペンという道具になっているというか、あるいは、逆にペンによって、ある実践が可能になるかもしれませんけれども、そういうなかではじめてペンの道具性というのが出てくるのであって、物そのものが予め道具性をもっているとか、なにか特徴をもっているということではない。

西阪　道具っていうのは、いうまでもなく、役に立つから道具ですよね。ただその「有用性」というのは、そのものがもつさまざまな「感性的性質」、つまり形や色、硬さや重さ、あるいは味などによってのみ決まるわけじゃないということですよね。

たとえば、ペンが「書くための道具」としてどう用いられるかを想像してみるとよいと思います。同じペンでも、机の上の筆入れのなかに置かれているときと、実際になにかものを書くために使われているときと、さらになにか書こうとして筆入れのペンに手を延ばしているときとでは、その「あり方」がそもそもみんな違っている。単なる背景の一部に溶け込んでいるか、それとも、いわば「拡張された手」になっているか、それとも、焦点化された対象として目の前に現われているか、といったところでしょうか。ペンは、いわば、このような「あり方」の違いを貫いて、あるいはむしろ、この「あり方」の違いに支えられて、たとえば、机でなにか書くという活動を一まとまりの秩序に組織していくためのリソースとして活用されるんです。筆入れのなかにあるときも、それは「書くという活動」と無関係なのではなくて、書くことに関わるさまざまな作業を組織するためのリソースになっています。たとえば、筆入れのペンに手を延ばすということは、「書き始めること」を開始することであり、そのことを出発点にして、机上の紙の向きを変える、紙のしわをのばす、といった、それに続くさまざまな振る舞いが「書くという活動」へと組織されていきます。そして、その個々の振る舞いが「書くこと」に関係づけられることは、その次になにをなすべきかということのコンテキストにもなっていきます。ペンの「書くための道具」という性質に支えられて、「書くこと」あるいは「書き始めること」は、このように組織立った仕方で順次成し遂げられていくわけです。

ペンは、単に、紙の上を滑らせたら線が引ける、という意味で書くための道具であるだけではなく、書くという活動を一まとまりの秩序として組織するためのリソースになっているんですね。ペンの「書く道具」という性質と私たちの「書く活動」とは密接に関係しあっています。それはさっき用いた表現を使うならば、リフレキシブな関係*と言ってもいいと思います。「書くのに役立つもの」という、ペンの意味づけは、「書く」活動の組織化の構成要素になっている。ここから逆に、このような具体的な「書く」という活動が営まれるなかで、ペンの「書くのに役立つ」という性質が組織されると言えるわけです。つまり、書く活動のなかで、ペンの「書くのに役立つ」という性質が参照され更新される。そういう意味で、ペンの、「書くのに役立つ」という性質は、具体的な活動なり実践なりの組織のなかにしっかり埋め込まれているわけです。実際、本棚の後ろに落っこちてしまって、存在も忘れられているようなペンは、たとえそのものの「感性的性質」は、筆入れのなかのペンとなんら変わるところがないとしても、「書くのに役立つ」という性

＊一五六ページ参照。

質はいささかもないですよね。

上野　西阪さんのワープロのインストラクション場面の分析[**]も、あくまで、インストラクションという、つまり教えるという場面をつくるなかで、一つの道具が道具として、ある特定の道具として組織化されているし、また繰り返し繰り返し同じように組織化されるだろう、というようなことを示しているのではないでしょうか。

■一人で行う活動の意味

西阪　そうです。もう一つ注意しておきたいのは、相互行為という点についてです。「書くという活動」としていま述べてきたのは、すべて一人だけの活動だったわけですけれど、それじゃあ、相互行為というのは、どこにどう関係しているのか。まず一般的な言い方としては、次のように言ってよいと思います。その活動は、それが「書く」という活動として組織されるなら

西阪仰「自然の人工物」（『認知科学』三巻一号、五〇―六一）。この論文で西阪は、コンピュータの画面上の「半角のIBM**」という小さな文字列の、道具としての組織化が、ワープロ・インストラクションという活動の相互行為的な組織化のなかに埋め込まれている様子を、ビデオの分析により示そうと試みている。

ば、たとえ一人でやっているにしても、組織立ったやり方で、「書く」という意味を担うものとして、つまりそれなりの「合理性」のあるものとして組織されています。そのとき、その「意味」や「合理性」を確保するためのやり方は、一人で一回きりしか従うことのできないものではありえない。それは、実際には、その人独自のやり方であるにしても、それでも他人に教えることができ、他人はそれを見ながら学ぶことのできるものでなければならないはずです。そうでなれば、その活動は「意味」や「合理性」をもちえません。その意味でも、一人でやる活動は、他人に対して開かれていると言うことができると思います。この点をさらに考えるために、ここで、アーヴィン・ゴッフマン*の仕事を振り返っておくとよいと思います。

ゴッフマンの仕事は、「相互行為」に社会学の固有の課題があることをとてもはっきりした形で示してくれました。たとえば、一九六〇年代の初めに、アメリカの人類学系の雑誌で「コミュニケーションのエスノグラフィ」という特集**がありました。この特集は、その筋ではとても有名な特集なんですが、そこにゴッフマンは、五ページくらいの短い論文を寄せています。

*アーヴィン・ゴッフマン（Erving Goffman）はアメリカの社会学者。日常生活における人間の振る舞いを細かく観察し、独自の社会学を展開した。多くの著作を残している。エスノメソドロジーとは、互いに批判しあいながらも、互いに刺激しあう関係だった。

** *American Anthropologist* 誌の一九六四年の特集。

「無視された状況」という題で、それはそれまでの「社会的なもの」の取り扱いに対する一つの不満の表明になっているんです。つまり、いままで、たとえば社会言語学などでは、「社会的要因」を考慮しようというとき、性別、所得の違いなどを、いわば独立変数にとって、それと言語使用の違いとの相関みたいなものを見ようとしてきた。たとえば、ウィリアム・ラボフの「r」音の研究***なんかを思い起こせばいいんですが、いわゆる「低所得者層」の居住地域、「高所得者層」の居住地域、「中間階層」の居住地域にある、三つの百貨店で、店員に「fourth floor」と言わせる（つまり、それぞれの百貨店の四階に置いてある商品をあらかじめ調べておいて、別の階でその商品はどこにあるか聞いてみる、というふうに）。そうすると、そのr音の発音パターンに顕著な差が見える、っていうんですよ。まあこういう研究それ自体の善し悪しは別として、少なくともゴッフマンにとって、このような研究が、決定的に見逃している「社会的なもの」の水準があるわけですね。それは何かというと、とにかく複数の人間が「居合わせている」という「状況」なんです。つまり、彼によれば、私たちは、他人がその場に居合わ

*** William Labov, *Sociolinguistic Patterns* (University of Pennsylvania Press). ラボフはアメリカの社会言語学者。

せているという事実に合わせて、自分の振る舞いをデザインしていくんですね。とくにおもしろいのは、「思わず自然に」発してしまうように見える音声に関する観察なんですよ。* そういう音声っていろいろありますよね。たとえば、道を歩いていてつまづいたりしたときに、思わず自然に「おっと」とか言って下を見たりする。ゴッフマンによれば、これは、同じ路上にいる他の人たちに対して、いわば、自分がいまよろけたことの「言い訳」をしているんですね。つまり、自分がいまよろけたのは、この道（のでこぼこ、石ころ、などなど）のせいで、自分自身の能力の欠如のせいではないんだぞ、と。実際、自分一人のときには「おっと」なんかいちいち言ったりしないところでも、人前だと言ったりするんですよ。おもしろいのは、このような、ある種の「独り言」みたいなものが他人に向けられているという点ですよね。たとえば、会議中に、質問されたとき、「えーと、あれは何だっけなぁ」みたいに、自問自答を始めることがある。これもある種の「独り言」だけれど、やはり自分がいますぐに返答ができないことの「言い訳」をしているんですよ。さっき出した電話でのやりとりで、太郎が「うーー」と言うのも同

* Erving Goffman, *Forms of Talk* (University of Pennsylvania Press)

じです。逆に、自分一人で本を読んでいるときならば、しばしば声に出して音読することがあっても、人前だと、たとえば電車の中なんかでは、けっして音読することはないというようなこともありますね。そういう例はたくさんあると思います。

「書く」という活動も同じで、他人が居合わせているならば、たとえば、ペンをとることは、他人に対して、自分がいまなにを始めようとしているかを明らかにすることになるし、そのことによって、自分の活動のテリトリーを新たに設定することができる、というような具合ですね。つまり、ペンを持って下を向くことで、「いま声をかけてくれるな」というメッセージを周囲に送ることができる、みたいな感じでしょうか。このように、他人に向けて自分の活動を組織していくことを、私たちはそのつど行っているわけで、ここのところに、社会学の一つの固有の探究領域があるはずだ、というわけです。つまり、他人に向けて、あるいは他人に合わせて、人びとは自分の行為や発話をどう組み立て、どうデザインしているのか、をつぶさに観察してみようというんですね。

ただし、「相互行為」を、ゴッフマンのように「互いの身体が見える状態にある」というところに限定する必要はないと思います。電話なんかでは（相手の身体は見えなくても）、端的に、自分の音声的振る舞いを相手に合わせてデザインしなければならないし、また一人で論文を書いているときなんかも、そこに書かれるべきことは、当然、不特定多数でありながら、社会学のある程度の素養をもっているとか、あるいは、一般教養的な知識を一定程度もっているといった人たちに合わせてデザインされていくわけです。そういう意味でも、一人で書くことは、やはり相互行為のなかにあることになると思います。実際、自分の部屋で一人でやる活動にも「それなりの合理性」がなければならないのは、それがやはり、ある意味で他人に向けてデザインされているからではないでしょうか。どういう人に向けて何を書くかということなんかどうでもいい、というのであれば、何を何でどう書こうがどうでもよくなってしまう。書くということそのものが意味を失ってしまうと思います。

上野　ぼくの考えでは、あえて一人になる場面をつくるということがあると思うんです。自問自答するような場面もそうでしょう。一人で日記を書くということもそうだけれども。でも、これは、一方で、実は社会的に、集団を組織化することがあるのと同様に、個人というものが社会的に組織化されているということもできる。つまり他人というものが全く存在していないとき、個人という言い方は可能ではありません。だから自問自答する場面というのは、要するに他者と話すことがあるから、それと対比的なちょっと異なった場面を作っているということになります。人前で、ぶつぶつ言ったらおかしいですよね。そこで、あえて自分を人から遠ざける、自分だけの場をつくるということを社会的に組織化しているということになるんじゃないでしょうか。

だから、公表するということがあるから、逆に、それとの関係で隠すということもあるわけです。それも、大変社会的に組織化された行為ではないでしょうか。

しかも、自問自答ですら社会的に何かを説明（アカウント）するとか、そういうコンテキストがあるからこそやっているわけであって、そういう社会的コンテキストから一切断ち切ったところではやっていないわけですよね。あるいは、独り言の社会的構成という西阪さんの分析*もありますけれども、その独り言もインタラクションのなかで出てくるわけですよね。

従来は自問自答といった現象を示して、それを、やっぱり個人というものがあることの証拠にしてしまっていたわけだけれど、違う見方があり得るんじゃないかという可能性が、相互行為分析の観点から出てくるのではないでしょうか。

西阪　なるほど。たしかにそうですね。むしろゴッフマンが一九五〇年代に使っていた「表舞台領域」と「舞台裏領域」という概念**を手がかりにできるんじゃないか、と思えてきました。たしかに、「一人で」書くことは、「他人の前で」あるいは「他人とともに」書くということと、やはりどこかまったく違うことであるわけで、その違いは何なのかを考えなければならない、ということだと思うんですけれど。たとえば、自問自答みたいなことでもいい

＊「独り言と『ながら言』：心理療法の社会秩序II」『明治学院論叢』四七四：一—二五頁。この論文の前半で西阪は、心理療法の一つである「遊戯療法」のセッションの録画を分析しながら、相手に向けられていない発話（「独り言」）が、それでも相手に聞かれるようデザインされていること、そのような発話デザインをとおして当該の相互行為が組織されていることを、示そうと試みている。

んですが、一人で自分の部屋で黙々と行う活動もあるわけですよね。そのときは、さっきも言いましたように、他人の前ではしないことをする。本を音読したり、大きな声で独り言を言ったり、鼻をほじったり、耳をかいたり、爪を切ったりしながら、書き物をしたり読書をしたり自問自答をしたりするわけですよ。ゴッフマンは、このように他人の目（および耳）から隔離された領域を「舞台裏の領域」と呼んでいます。彼が挙げている例は、レストランで客が食事をする部屋が「表」なら、厨房が「裏」になるというもので、「表」と「裏」の関係が直観的にもはっきりしているんですが、「一人で」やる活動も、それが「一人で」という意味をもちつつ組織されるのは、ある意味で「表」との境界になんらかの形で志向しているからだ、ということですよね。たとえば、ゴッフマン自身が言っているような物理的な壁やドアも、単にその物理的な性質のゆえに「裏」を「表」から隔てる境界になっているだけでなく、その活動に携わる当人がその壁やドアにそのような境界として関わっているがゆえに、その境界内の活動は、「一人」の活動として組織されうるんだ、ということだと思います。つまり、「一人で」やる活動が

＊＊ゴッフマンの『行為と演技』（石黒毅訳、誠信書房）を参照のこと。

「舞台裏」の活動という意味をもつのは、「表舞台」と切り離されたものとしてそれが組織されるからであり、その意味で、その活動の組織化も、消極的な形で、「表舞台」にいる他人たちとの関わりのなかにあるわけですね。

■インタラクション分析の有用性

西阪　そういうわけで、要するにすべてはインタラクションなんですよね、結局は。だから、前にも言ってきましたように、インタラクション分析をするというとき、それはある特定の限定された領域、たとえば、いわゆる「対面的相互行為」の分析をするということではなくて、あくまでもインタラクションという視点でさまざまな現象を見ていこうということになるんだと思います。しかも、そのつどのインタラクション状況は、基本的に、まさにその当のインタラクション状況に固有の、それ独自の秩序、つまり他のインタラクション状況にはない秩序をもっているはずです。インタラクションは、実際、参加者たちが相手の出方に応じて次の手を打っていくという形で「偶然的」に展開していくわけで、まさしくこの「偶然的」展開というところに、個々のインタラクションの「固有性」や「独自性」があるわけです。さっき「そのつどのインタラクションの『局所的』な秩序に内在した記述」みたいな言い方をしたのは、この「固有性」なり「独自性」なりにこだわっていこうということなんですね。この点が、おそらくゴッフマンの構えと根本的に違うところだと思います。ゴッフマンは、第一に「対面的相互行為」という限定された領域の研究としてみずからの研究を提示しているし、第二に、その方法という点でも、たとえば分類をしたり、あるいはきわめてオーソドックスな社会学的な説明を試みたりしています。

そういう意味からも、ぼくたちは、一般的なモデルを作るということを断念せざるをえないんですね。理論モデルができれば、たしかに情報は縮約されるわけですよ。たとえば、複雑で多様な社会を、単純なモデルで代表させることで、なにかよく分かった感じがする、といったふうにね。でも、いま述べたような形で「局所的」秩序の「独自性」にこだわるならば、そういう形での情報の縮減は、ほとんど期待できないわけです。だからといって、とにかく「ありのまま」を全部記述するのだ、みたいなのとは、決定的に違う。注目する部分はかなり限定されています。インタラクションの参加者たちは自分たちの「判断」あるいは「志向」をどういうふうにその当のインタラクションのなかで重ね合わせながら、自分たちのインタラクションを組織していくか。ずっと言ってきましたように、この点に議論は集中しているんです。

エスノメソドロジーもそうですけれど、こんなふうに一般化をあえてしないものだから、ぼくの仕事なんていうのは、だいたい役に立たないということになっているんです。実際、インタラクションのなかでコンピュータがどう用いられているか、といった分析なんかもしばしばやりますけれど、それも、そもそも別に工学的な役に立てようと思ってやっているわけではないわけです。もちろん、それでいいんですよ。自分で考える工学者たちは、ちゃんと自分たちの責任で、ぼくの出した分析を自分たちの研究の文脈のなかに移して、それなりに「役立て」ていますよね。たとえば、さっき上野さんが言及されたぼくの仕事なんかも、心理療法のセッションをビデオにとって、心理療法における相互行為秩序はいかにして達成されるか、みたいことをもっぱら論じているだけで、それについていろいろ発見できたことを書き連ねているんですけれども、例えば、NECの加藤さんと鈴木さんいう人たちが、それを読んでくださって、あれ、と思っちゃったらしい。もしかしたらこっちにあったモニターを一つこっちに動かせば、いいんじゃないの、みたいな。実際やってみたら、遠隔操作がすごくスムーズにいくようになった。*つまり、役に立っちゃったわけです。でも、これは別に、ぼくが書いたもののなかに「有用性」が潜在的にもともと含まれていたということではない。その有用性は、あくまでも工学者の特定の活動のなかで見出され活用されたということですよね。つまり、物の有用性も研究の有用性も、そのつどそれがどんなコンテキストで用いられるかに依存している。というわけで、さっきの話につながるんです。

上野　「何かが役に立つ」ということも一般的には言えないのではないでしょうか。自分たちのやっていることは、「役に立つ」、いや、「役に立たな

*彼らの研究は、たとえば、H. Kato, K. Yamazaki, H. Kuzuoka, H. Suzuki, H. Miki and A. Yamazaki, Designing a video-mediated collaboration system based on a body metaphor (*Proceedings of CSCL '97*) に発表されている。関連する研究で日本語で読めるものとし

い」というような議論は、ある意味では、コインの裏表みたいなもののように見えます。むしろ、あなたのやっていることは役に立たないじゃないですか、と言われたら、逆に役に立つということ自体が絶対的には言えないんだ、むしろ、あなたの言う〝役に立つ〟ということのコンテキスト、実践を問い直してみようということを言うべきじゃないでしょうか。

西阪　そういうことなんでしょうね。そういう意味では、一定の文脈のなかでは、やっぱり役に立っているともいえるわけですよね。つまり、「心」に関わるさまざまな概念上の混乱を解きほぐすのに役に立っている、というような言い方もできると思います。

上野　よく見えるようになると、例えば、エキスパート・システムのような道具の開発や使用に振り回されないですむとか、そういうこともあり得るわけですし、道具の見方が変わってくるということもあるわけですから。

て、たとえば、山崎敬一・三樹弘之・山崎晶子・鈴木栄幸・加藤浩・葛岡英明「指示・道具・相互性：遠隔共同作業システムの設計とそのシステムを用いた人々の共同作業の分析」（『認知科学』五巻一号、五一―六三）がある。

西阪　少なくとも、自分たちが普段やっていることがよく見えるようになるわけだから、その分賢くなるわけですよね。

上野　役に立たないことを知るというのも、非常に役に立つのかもしれませんし、また、「役に立つ」ということには、いろいろ多様な意味があるわけです。そこをむしろ言っていったらいいんじゃないでしょうか。あなたたちのやっていることは、役に立たないとすぐ言いたがる人がいますが、でも、実際には、彼らの言う「役に立つ」ということの意味が、非常に狭いじゃないかという気がするんです。

例えば、〝認知工学者〟のノーマンは、いい道具とか、理想の道具とかいったことを言うわけですが、いい道具とか、理想の道具というのは、一方で、どういう実践を行っているか、どういう相互行為を組織化したのかということと無関係に云々できることではないと思います。ノーマンから言わせれば、そういういい道具を開発したり、あるいは、道具を評価できることが役に立つ研究ということになるのでしょう。しかし、実は、もう一方で、ある道具が、いいとか、理想的に見えるという場合のコンテキスト、相互行為、実践のあり方がどのようなものかを分析しないと、いい道具、理想の道具ということの多様な意味も見えてこないと思うんです。その種の分析をすることは、大変「役に立つ」と思うんですが。

あとがき

本書に収められているのは「対談」です。対談はたしかに具体的な日付のもとに実際の場所で行なわれました。しかし、本書に収められた「対談」は、その日付と場所を越えて拡がっています。この対談はほとんどすべて「書かれて」います。相互行為を論じるわたしたちは、どうやら相互行為が苦手だったようです。にもかかわらず、この本は、非常に強い意味で、やはり「インタラクティヴ」に書かれたものであることに変わりありません。わたしたちは、非常に近い関心をもちながらも、それぞれ異なる学問的背景をもち、異なるテーマで研究を進めてきました。そのようなわたしたちが、具体的な日付のもとに特定の場所に押し込められ、二日間数時間にわたり一つのテーマ（「人工知能と心」）について「対談」させられることで、いまの学問的状況のなかで論じるべき話題がその時その場所においてつぎつぎと喚起されていきました。わたしたちは、この喚起された話題について書いていきました。さらに、互いに書き交わすことをとおして、さらに新たな問題が提起され、新たな話題が喚起されていきました。そんなわけで、この本の構成は、文字どおり「インタラクティヴ」に達成されたものです。

それだけではありません。すでに「本文」でも述べたこととも関係ありますが、書くことによって、相互行為の「参加者」は、わたしたち二人（プラス、「対談」に立ち会われた大修館書店の米山順一さん、プラス、わたしたちが書く過程に立ち会われた大修館書店の小林奈苗さん）から、不特定多数の未来の「読者」に拡がっていきました。もちろん、「対談」も、未来の読者に「聞かせる（読ませる）」ために行なわれていたことは、たしかです。しかし、書くことによって、未来の読者はその輪郭をより明確に現わし、その顕わになった読者に合わせて「対談」はデザインしなおされていきました。その意味でも、この本は、「インタラクティヴ」な達成というべきだと思います。

＊

同時に、本書はなによりも、認知科学とエスノメソドロジー・会話分析のインタラクションになっていると思います。

このインタラクションによって、『心』を相互行為の中からとらえ直す」という作業は、どれほど達成できたでしょうか。また、こうしたテーマのさらなる展開としては、対談者たちも従事しているような「言語を相互行為の中からとらえ直す」、「道具を相互行為の中からとらえ直す」、あるいは、「科学―技術的実践を対象も含めた相互行為としてとらえ直す」というテーマが考えられますが、それは、またの機会、あるいは場所で形にできればと思います。

二〇〇〇年三月

上野　直樹
西阪　仰

[著者略歴]

上野直樹（うえの　なおき）

1975年北海道大学教育学部卒業。1978年東京大学大学院教育学研究科博士課程中退。現在，国立教育研究所教育指導研究部室長。認知科学専攻。

おもな著書：『視点』（共著，東京大学出版会，1985年），『仕事の中での学習』（東京大学出版会，1999年）。

西阪　仰（にしざか　あおぐ）

1988年早稲田大学大学院文学研究科博士課程社会学専攻中退。文学博士。現在，明治学院大学社会学部教授。社会学・エスノメソドロジー専攻。

おもな著書：『相互行為分析という視点：文化と心の社会学的記述』（金子書房，1997）など。

おもな訳書：J.クルター『心の社会的構成：ヴィトゲンシュタイン派エスノメソドロジーの視点』（新曜社，1998）。

インタラクション――人工知能と心

初版発行――2000年4月10日

著者――上野　直樹・西阪　仰

発行者――鈴木荘夫

発行所――株式会社大修館書店

〒101-8466　東京都千代田区神田錦町3-24

電話03-3295-6231（販売部）03-3294-2357（編集部）

振替00190-7-40504

出版情報 http://www.taishukan.co.jp

装丁者――工藤　強勝

印刷所――藤原印刷

製本所――関山製本社

ISBN4-469-21252-0　　Printed in Japan